T&P BOOKS

HOLANDÊS
VOCABULÁRIO

PORTUGUÊS BRASILEIRO

PORTUGUÊS
HOLANDÊS

Para alargar o seu léxico e apurar
as suas competências linguísticas

3000 palavras

Vocabulário Português Brasileiro-Holandês - 3000 palavras

Por Andrey Taranov

Os vocabulários da T&P Books destinam-se a ajudar a aprender, a memorizar, e a rever palavras estrangeiras. O dicionário é dividido em temas, cobrindo todas as principais esferas de atividades quotidianas, negócios, ciência, cultura, etc.

O processo de aprendizagem, utilizando os dicionários baseados em temáticas da T&P Books dá-lhe as seguintes vantagens:

- Informação de origem corretamente agrupada predetermina o sucesso em fases subsequentes da memorização de palavras
- Disponibilização de palavras derivadas da mesma raiz, o que permite a memorização de unidades de texto (em vez de palavras separadas)
- Pequenas unidades de palavras facilitam o processo de estabelecimento de vínculos associativos necessários para a consolidação do vocabulário
- O nível de conhecimento da língua pode ser estimado pelo número de palavras aprendidas

T&P Books Publishing
www.tpbooks.com

ISBN: 978-1-78767-413-4

Este livro também está disponível em formato E-book.
Por favor visite www.tpbooks.com ou as principais livrarias on-line.

VOCABULÁRIO HOLANDÊS
palavras mais úteis

Os vocabulários da T&P Books destinam-se a ajudar a aprender, a memorizar, e a rever palavras estrangeiras. O vocabulário contém mais de 3000 palavras de uso comum organizadas tematicamente.

O vocabulário contém as palavras mais comummente usadas
Recomendado como adicional para qualquer curso de línguas
Satisfaz as necessidades dos iniciados e dos alunos avançados de línguas estrangeiras
Conveniente para o uso diário, sessões de revisão e atividades de auto-teste
Permite avaliar o seu vocabulário

Características especias do vocabulário

- As palavras estão organizadas de acordo com o seu significado, e não por ordem alfabética
- As palavras são apresentadas em três colunas para facilitar os processos de revisão e auto-teste
- As palavras compostas são divididas em pequenos blocos para facilitar o processo de aprendizagem
- O vocabulário oferece uma transcrição simples e adequada de cada palavra estrangeira

O vocabulário contém 101 tópicos incluindo:

Conceitos básicos, Números, Cores, Meses, Estações do ano, Unidades de medida, Roupas & Acessórios, Alimentos & Nutrição, Restaurante, Membros da Família, Parentes, Caráter, Sentimentos, Emoções, Doenças, Cidade, Passeios, Compras, Dinheiro, Casa, Lar, Escritório, Trabalho no Escritório, Importação & Exportação, Marketing, Pesquisa de Emprego, Esportes, Educação, Computador, Internet, Ferramentas, Natureza, Países, Nacionalidades e muito mais ...

TABELA DE CONTEÚDOS

GUIA DE PRONUNCIAÇÃO

Alfabeto fonético T&P	Exemplo Holandês	Exemplo Português
[a]	plasje	chamar
[ã]	kraag	rapaz
[o], [ɔ]	zondag	noite
[o]	geografie	lobo
[ō]	oorlog	albatroz
[e]	nemen	metal
[ē]	wreed	plateia
[ɛ]	ketterij	mesquita
[ɛ:]	crème	plateia
[ə]	tachtig	milagre
[i]	alpinist	sinônimo
[ī]	referee	cair
[Y]	stadhuis	questionar
[œ]	druif	orgulhoso
[ø]	treurig	orgulhoso
[u]	schroef	bonita
[ʉ]	zuchten	nacional
[ū]	minuut	trabalho
[b]	oktober	barril
[d]	diepte	dentista
[f]	fierheid	safári
[g]	golfclub	gosto
[h]	horizon	[h] aspirada
[j]	jaar	Vietnã
[k]	klooster	aquilo
[l]	politiek	libra
[m]	melodie	magnólia
[n]	netwerk	natureza
[p]	peper	presente
[r]	rechter	riscar
[s]	smaak	sanita
[t]	telefoon	tulipa
[v]	vijftien	fava
[w]	waaier	página web
[z]	zacht	sésamo
[dʒ]	manager	adjetivo
[ʃ]	architect	mês

Alfabeto fonético T&P	Exemplo Holandês	Exemplo Português
[ŋ]	behang	alcançar
[tʃ]	beertje	Tchau!
[ʒ]	bougie	talvez
[x]	acht, gaan	arte

ABREVIATURAS
usadas no vocabulário

Abreviaturas do Português

adj	-	adjetivo
adv	-	advérbio
anim.	-	animado
conj.	-	conjunção
desp.	-	esporte
etc.	-	Etcetera
ex.	-	por exemplo
f	-	nome feminino
f pl	-	feminino plural
fem.	-	feminino
inanim.	-	inanimado
m	-	nome masculino
m pl	-	masculino plural
m, f	-	masculino, feminino
masc.	-	masculino
mat.	-	matemática
mil.	-	militar
pl	-	plural
prep.	-	preposição
pron.	-	pronome
sb.	-	sobre
sing.	-	singular
v aux	-	verbo auxiliar
vi	-	verbo intransitivo
vi, vt	-	verbo intransitivo, transitivo
vr	-	verbo reflexivo
vt	-	verbo transitivo

Abreviaturas do Holandês

mv.	-	plural

Artigos do Holandês

de	-	gênero comum
de/het	-	neutro, gênero comum
het	-	neutro

CONCEITOS BÁSICOS

1. Pronomes

eu	ik	[ik]
você	jij, je	[jɛj], [jə]
ele	hij	[hɛj]
ela	zij, ze	[zɛj], [zə]
ele, ela (neutro)	het	[ət]
nós	wij, we	[wɛj], [wə]
vocês	jullie	['juli]
eles, elas	zij, ze	[zɛj], [zə]

2. Cumprimentos. Saudações

Oi!	Hallo! Dag!	[ha'lɔ dax]
Olá!	Hallo!	[ha'lɔ]
Bom dia!	Goedemorgen!	['xudə·'mɔrxən]
Boa tarde!	Goedemiddag!	['xudə·'midax]
Boa noite!	Goedenavond!	['xudən·'avɔnt]
cumprimentar (vt)	gedag zeggen	[xe'dax 'zexən]
Oi!	Hoi!	[hɔj]
saudação (f)	groeten (het)	['xrutən]
saudar (vt)	verwelkomen	[vər'wɛlkɔmən]
Tudo bem?	Hoe gaat het?	[hu xāt ət]
E aí, novidades?	Is er nog nieuws?	[is ɛr nɔx 'nius]
Tchau!	Tot ziens!	[tɔt 'tsins]
Até logo!	Doei!	['dui]
Até breve!	Tot snel!	[tɔt snɛl]
Adeus!	Vaarwel!	[vār'wɛl]
despedir-se (dizer adeus)	afscheid nemen	['afsxɛjt 'nemən]
Até mais!	Tot kijk!	[tɔt kɛjk]
Obrigado! -a!	Dank u!	[dank ju]
Muito obrigado! -a!	Dank u wel!	[dank ju wɛl]
De nada	Graag gedaan	[xrāx xə'dān]
Não tem de quê	Geen dank!	[xēn dank]
Não foi nada!	Geen moeite.	[xēn 'mujtə]
Desculpa! -pe!	Excuseer me, ...	[ɛkskʉ'zēr mə]
desculpar (vt)	excuseren	[ɛkskʉ'zerən]
desculpar-se (vr)	zich verontschuldigen	[zih vərɔnt'sxʉldəxən]
Me desculpe	Mijn excuses	[mɛjn ɛks'kʉzəs]

Desculpe!	Het spijt me!	[ət spɛjt mə]
perdoar (vt)	vergeven	[vər'xevən]
Não faz mal	Maakt niet uit!	[māk nit œʏt]
por favor	alsjeblieft	[alstu'blift]

Não se esqueça!	Vergeet het niet!	[vər'xēt ət nit]
Com certeza!	Natuurlijk!	[na'tūrlək]
Claro que não!	Natuurlijk niet!	[na'tūrlək nit]
Está bem! De acordo!	Akkoord!	[a'kōrt]
Chega!	Zo is het genoeg!	[zɔ is ət xə'nux]

3. Questões

Quem?	Wie?	[wi]
O que?	Wat?	[wat]
Onde?	Waar?	[wār]
Para onde?	Waarheen?	[wār'hēn]
De onde?	Waarvandaan?	[ʋār·van'dān]
Quando?	Wanneer?	[wa'nēr]
Para quê?	Waarom?	[wār'ɔm]
Por quê?	Waarom?	[wār'ɔm]

Para quê?	Waarvoor dan ook?	[wār'vōr dan 'ōk]
Como?	Hoe?	[hu]
Qual (~ é o problema?)	Wat voor ...?	[wat vɔr]
Qual (~ deles?)	Welk?	[wɛlk]

A quem?	Aan wie?	[ān wi]
De quem?	Over wie?	['ɔvər wi]
Do quê?	Waarover?	[wār'ɔvər]
Com quem?	Met wie?	[mɛt 'wi]

| Quanto, -os, -as? | Hoeveel? | [hu'vēl] |
| De quem? (masc.) | Van wie? | [van 'wi] |

4. Preposições

com (prep.)	met	[mɛt]
sem (prep.)	zonder	['zɔndər]
a, para (exprime lugar)	naar	[nār]
sobre (ex. falar ~)	over	['ɔvər]
antes de ...	voor	[vōr]
em frente de ...	voor	[vōr]

debaixo de ...	onder	['ɔndər]
sobre (em cima de)	boven	['bɔvən]
em ..., sobre ...	op	[ɔp]
de, do (sou ~ Rio de Janeiro)	van	[van]
de (feito ~ pedra)	van	[van]

| em (~ 3 dias) | over | ['ɔvər] |
| por cima de ... | over | ['ɔvər] |

13

5. Palavras funcionais. Advérbios. Parte 1

Onde?	Waar?	[wãr]
aqui	hier	[hir]
lá, ali	daar	[dãr]
em algum lugar	ergens	['ɛrxəns]
em lugar nenhum	nergens	['nɛrxəns]
perto de ...	bij ...	[bɛj]
perto da janela	bij het raam	[bɛj het 'rãm]
Para onde?	Waarheen?	[wãr'hẽn]
aqui	hierheen	[hir'hẽn]
para lá	daarheen	[dãr'hẽn]
daqui	hiervandaan	[hirvan'dãn]
de lá, dali	daarvandaan	[darvan'dãn]
perto	dichtbij	[dix'bɛj]
longe	ver	[vɛr]
perto de ...	in de buurt	[in də bũrt]
à mão, perto	dichtbij	[dix'bɛj]
não fica longe	niet ver	[nit vɛr]
esquerdo (adj)	linker	['linkər]
à esquerda	links	[links]
para a esquerda	linksaf, naar links	['linksaf], [nãr 'links]
direito (adj)	rechter	['rɛxtər]
à direita	rechts	[rɛxts]
para a direita	rechtsaf, naar rechts	['rɛxtsaf], [nãr 'rɛxts]
em frente	vooraan	[võ'rãn]
da frente	voorste	['võrstə]
adiante (para a frente)	vooruit	[võr'œyt]
atrás de ...	achter	['axtər]
de trás	van achteren	[van 'axtərən]
para trás	achteruit	['axtərœyt]
meio (m), metade (f)	midden (het)	['midən]
no meio	in het midden	[in ət 'midən]
do lado	opzij	[ɔp'sɛj]
em todo lugar	overal	[ɔvə'ral]
por todos os lados	omheen	[ɔm'hẽn]
de dentro	binnenuit	['binənœyt]
para algum lugar	naar ergens	[nãr 'ɛrxəns]
diretamente	rechtdoor	[rɛx'dõr]
de volta	terug	[te'rʉx]
de algum lugar	ergens vandaan	['ɛrxəns van'dãn]
de algum lugar	ergens vandaan	['ɛrxəns van'dãn]

em primeiro lugar	ten eerste	[tən 'ērstə]
em segundo lugar	ten tweede	[tən 'twēdə]
em terceiro lugar	ten derde	[tən 'dɛrdə]

de repente	plotseling	['plɔtseliŋ]
no início	in het begin	[in ət bə'xin]
pela primeira vez	voor de eerste keer	[vōr də 'ērstə kĕr]
muito antes de ...	lang voor ...	[laŋ vōr]
de novo	opnieuw	[ɔp'niu]
para sempre	voor eeuwig	[vōr 'ĕwəx]

nunca	nooit	[nōjt]
de novo	weer	[wĕr]
agora	nu	[nʉ]
frequentemente	vaak	[vāk]
então	toen	[tun]
urgentemente	urgent	[jurxənt]
normalmente	meestal	['mēstal]

a propósito, ...	trouwens, ...	['trauwəns]
é possível	mogelijk	['mɔxələk]
provavelmente	waarschijnlijk	[wār'sxɛjnlək]
talvez	misschien	[mis'xin]
além disso, ...	trouwens	['trauwəns]
por isso ...	daarom ...	[dā'rɔm]
apesar de ...	in weerwil van ...	[in 'wĕrwil van]
graças a ...	dankzij ...	[dank'zɛj]

que (pron.)	wat	[wat]
que (conj.)	dat	[dat]
algo	iets	[its]
alguma coisa	iets	[its]
nada	niets	[nits]

quem	wie	[wi]
alguém (~ que ...)	iemand	['imant]
alguém (com ~)	iemand	['imant]

ninguém	niemand	['nimant]
para lugar nenhum	nergens	['nɛrxəns]
de ninguém	niemands	['nimants]
de alguém	iemands	['imants]

tão	zo	[zɔ]
também (gostaria ~ de ...)	ook	[ōk]
também (~ eu)	alsook	[al'sōk]

6. Palavras funcionais. Advérbios. Parte 2

Por quê?	Waarom?	[wār'ɔm]
por alguma razão	om een bepaalde reden	[ɔm en be'pāldə 'redən]
porque ...	omdat ...	[ɔm'dat]
por qualquer razão	voor een bepaald doel	[vōr en be'pālt dul]
e (tu ~ eu)	en	[en]

ou (ser ~ não ser)	of	[ɔf]
mas (porém)	maar	[mãr]
para (~ a minha mãe)	voor	[võr]
muito, demais	te	[te]
só, somente	alleen	[a'lēn]
exatamente	precies	[prə'sis]
cerca de (~ 10 kg)	ongeveer	[ɔnxə'vēr]
aproximadamente	ongeveer	[ɔnxə'vēr]
aproximado (adj)	bij benadering	[bɛj bə'nadəriŋ]
quase	bijna	['bɛjna]
resto (m)	rest (de)	[rɛst]
o outro (segundo)	de andere	[də 'andərə]
outro (adj)	ander	['andər]
cada (adj)	elk	[ɛlk]
qualquer (adj)	om het even welk	[ɔm ət ɛvən wɛlk]
muito, muitos, muitas	veel	[vēl]
muitas pessoas	veel mensen	[vēl 'mɛnsən]
todos	iedereen	[idə'rēn]
em troca de ...	in ruil voor ...	[in 'rœyl võr]
em troca	in ruil	[in 'rœyl]
à mão	met de hand	[mɛt də 'hant]
pouco provável	onwaarschijnlijk	[ɔnwãr'sxɛjnlək]
provavelmente	waarschijnlijk	[wãr'sxɛjnlək]
de propósito	met opzet	[mɛt 'ɔpzət]
por acidente	toevallig	[tu'valəx]
muito	zeer	[zēr]
por exemplo	bijvoorbeeld	[bɛj'võrbēlt]
entre	tussen	['tʉsən]
entre (no meio de)	tussen	['tʉsən]
tanto	zoveel	[zɔ'vēl]
especialmente	vooral	[võ'ral]

NÚMEROS. DIVERSOS

7. Números cardinais. Parte 1

zero	nul	[nʉl]
um	een	[en]
dois	twee	[twē]
três	drie	[dri]
quatro	vier	[vir]
cinco	vijf	[vɛjf]
seis	zes	[zɛs]
sete	zeven	['zevən]
oito	acht	[axt]
nove	negen	['nexən]
dez	tien	[tin]
onze	elf	[ɛlf]
doze	twaalf	[twālf]
treze	dertien	['dɛrtin]
catorze	veertien	['vērtin]
quinze	vijftien	['vɛjftin]
dezesseis	zestien	['zɛstin]
dezessete	zeventien	['zevəntin]
dezoito	achttien	['axtin]
dezenove	negentien	['nexəntin]
vinte	twintig	['twintəx]
vinte e um	eenentwintig	['ēnən·'twintəx]
vinte e dois	tweeëntwintig	['twēɛn·'twintəx]
vinte e três	drieëntwintig	['driɛn·'twintəx]
trinta	dertig	['dɛrtəx]
trinta e um	eenendertig	['ēnən·'dɛrtəx]
trinta e dois	tweeëndertig	['twēɛn·'dɛrtəx]
trinta e três	drieëndertig	['driɛn·'dɛrtəx]
quarenta	veertig	['vērtəx]
quarenta e um	eenenveertig	['ēnən·'vertəx]
quarenta e dois	tweeënveertig	['twēɛn·'vertəx]
quarenta e três	drieënveertig	['driɛn·'vērtəx]
cinquenta	vijftig	['vɛjftəx]
cinquenta e um	eenenvijftig	['ēnən·'vɛjftəx]
cinquenta e dois	tweeënvijftig	['twēɛn·'vɛjftəx]
cinquenta e três	drieënvijftig	['driɛn·'vɛjftəx]
sessenta	zestig	['zɛstəx]
sessenta e um	eenenzestig	['ēnən·'zɛstəx]

sessenta e dois	tweeënzestig	['twēɛn·'zɛstəx]
sessenta e três	drieënzestig	['driɛn·'zɛstəx]
setenta	zeventig	['zevəntəx]
setenta e um	eenenzeventig	['ēnən·'zevəntəx]
setenta e dois	tweeënzeventig	['twēɛn·'zevəntəx]
setenta e três	drieënzeventig	['driɛn·'zevəntəx]
oitenta	tachtig	['tahtəx]
oitenta e um	eenentachtig	['ēnən·'tahtəx]
oitenta e dois	tweeëntachtig	['twēɛn·'tahtəx]
oitenta e três	drieëntachtig	['driɛn·'taxtəx]
noventa	negentig	['nexəntəx]
noventa e um	eenennegentig	['ēnən·'nexəntəx]
noventa e dois	tweeënnegentig	['twēɛn·'nexəntəx]
noventa e três	drieënnegentig	['driɛn·'nexəntəx]

8. Números cardinais. Parte 2

cem	honderd	['hɔndərt]
duzentos	tweehonderd	[twē·'hɔndərt]
trezentos	driehonderd	[dri·'hɔndərt]
quatrocentos	vierhonderd	[vir·'hɔndərt]
quinhentos	vijfhonderd	[vɛjf·'hɔndərt]
seiscentos	zeshonderd	[zɛs·'hɔndərt]
setecentos	zevenhonderd	['zevən·'hɔndərt]
oitocentos	achthonderd	[axt·'hɔndərt]
novecentos	negenhonderd	['nexən·'hɔndərt]
mil	duizend	['dœyzənt]
dois mil	tweeduizend	[twē·'dœyzənt]
três mil	drieduizend	[dri·'dœyzənt]
dez mil	tienduizend	[tin·'dœyzənt]
cem mil	honderdduizend	['hɔndərt·'dœyzənt]
um milhão	miljoen (het)	[mi'ljun]
um bilhão	miljard (het)	[mi'ljart]

9. Números ordinais

primeiro (adj)	eerste	['ērstə]
segundo (adj)	tweede	['twēdə]
terceiro (adj)	derde	['dɛrdə]
quarto (adj)	vierde	['virdə]
quinto (adj)	vijfde	['vɛjfdə]
sexto (adj)	zesde	['zɛsdə]
sétimo (adj)	zevende	['zevəndə]
oitavo (adj)	achtste	['axtstə]
nono (adj)	negende	['nexəndə]
décimo (adj)	tiende	['tində]

CORES. UNIDADES DE MEDIDA

10. Cores

cor (f)	kleur (de)	['klør]
tom (m)	tint (de)	[tint]
tonalidade (m)	kleurnuance (de)	['klør·nʉ'waŋsə]
arco-íris (m)	regenboog (de)	['rexən·bõx]
branco (adj)	wit	[wit]
preto (adj)	zwart	[zwart]
cinza (adj)	grijs	[xrɛjs]
verde (adj)	groen	[xrun]
amarelo (adj)	geel	[xēl]
vermelho (adj)	rood	[rõt]
azul (adj)	blauw	['blau]
azul claro (adj)	lichtblauw	['lixt·blau]
rosa (adj)	roze	['rɔzə]
laranja (adj)	oranje	[ɔ'ranjə]
violeta (adj)	violet	[viɔ'lɛt]
marrom (adj)	bruin	['brœʏn]
dourado (adj)	goud	['xaut]
prateado (adj)	zilverkleurig	['zilvər·'klørəx]
bege (adj)	beige	['bɛ:ʒ]
creme (adj)	roomkleurig	['rõm·'klørix]
turquesa (adj)	turkoois	[tʉrk'was]
vermelho cereja (adj)	kersrood	['kɛrs·rõt]
lilás (adj)	lila	['lila]
carmim (adj)	karmijnrood	['karmɛjn·'rõt]
claro (adj)	licht	[lixt]
escuro (adj)	donker	['dɔnkər]
vivo (adj)	fel	[fɛl]
de cor	kleur-, kleurig	['klør], ['klørəx]
a cores	kleuren-	['klørən]
preto e branco (adj)	zwart-wit	[zwart-wit]
unicolor (de uma só cor)	eenkleurig	[ēn'klørəx]
multicolor (adj)	veelkleurig	[vēl'klørəx]

11. Unidades de medida

peso (m)	gewicht (het)	[xə'wixt]
comprimento (m)	lengte (de)	['lɛŋtə]

largura (f)	breedte (de)	['brētə]
altura (f)	hoogte (de)	['hōxtə]
profundidade (f)	diepte (de)	['diptə]
volume (m)	volume (het)	[vɔ'lʉmə]
área (f)	oppervlakte (de)	['ɔpərvlaktə]

grama (m)	gram (het)	[xram]
miligrama (m)	milligram (het)	['milixram]
quilograma (m)	kilogram (het)	[kilɔxram]
tonelada (f)	ton (de)	[tɔn]
libra (453,6 gramas)	pond (het)	[pɔnt]
onça (f)	ons (het)	[ɔns]

metro (m)	meter (de)	['metər]
milímetro (m)	millimeter (de)	['milimetər]
centímetro (m)	centimeter (de)	['sɛnti'metər]
quilômetro (m)	kilometer (de)	[kilɔmetər]
milha (f)	mijl (de)	[mɛjl]

polegada (f)	duim (de)	['dœʏm]
pé (304,74 mm)	voet (de)	[vut]
jarda (914,383 mm)	yard (de)	[jart]

metro (m) quadrado	vierkante meter (de)	['virkantə 'metər]
hectare (m)	hectare (de)	[hɛk'tarə]

litro (m)	liter (de)	['litər]
grau (m)	graad (de)	[xrāt]
volt (m)	volt (de)	[vɔlt]
ampère (m)	ampère (de)	[am'pɛrə]
cavalo (m) de potência	paardenkracht (de)	['pārdən·kraxt]

quantidade (f)	hoeveelheid (de)	[hu'vēlhɛjt]
um pouco de ...	een beetje ...	[en 'bētʃə]
metade (f)	helft (de)	[hɛlft]
dúzia (f)	dozijn (het)	[dɔ'zɛjn]
peça (f)	stuk (het)	[stʉk]

tamanho (m), dimensão (f)	afmeting (de)	['afmetiŋ]
escala (f)	schaal (de)	[sxāl]

mínimo (adj)	minimaal	[mini'māl]
menor, mais pequeno	minste	['minstə]
médio (adj)	medium	['medijum]
máximo (adj)	maximaal	[maksi'māl]
maior, mais grande	grootste	['xrōtstə]

12. Recipientes

pote (m) de vidro	glazen pot (de)	['xlazən pɔt]
lata (~ de cerveja)	blik (het)	[blik]
balde (m)	emmer (de)	['ɛmər]
barril (m)	ton (de)	[tɔn]
bacia (~ de plástico)	ronde waterbak (de)	['watər·bak]

tanque (m)	tank (de)	[tank]
cantil (m) de bolso	heupfles (de)	['høp·flɛs]
galão (m) de gasolina	jerrycan (de)	['dʒɛrikən]
cisterna (f)	tank (de)	[tank]
caneca (f)	beker (de)	['bekər]
xícara (f)	kopje (het)	['kɔpjə]
pires (m)	schoteltje (het)	['sxɔteltʃə]
copo (m)	glas (het)	[xlas]
taça (f) de vinho	wijnglas (het)	['wɛjn·xlas]
panela (f)	pan (de)	[pan]
garrafa (f)	fles (de)	[fles]
gargalo (m)	flessenhals (de)	['flesən·hals]
jarra (f)	karaf (de)	[ka'raf]
jarro (m)	kruik (de)	['krœʏk]
recipiente (m)	vat (het)	[vat]
pote (m)	pot (de)	[pɔt]
vaso (m)	vaas (de)	[vãs]
frasco (~ de perfume)	flacon (de)	[fla'kɔn]
frasquinho (m)	flesje (het)	['fleɕə]
tubo (m)	tube (de)	['tʉbə]
saco (ex. ~ de açúcar)	zak (de)	[zak]
sacola (~ plastica)	tasje (het)	['taɕə]
maço (de cigarros, etc.)	pakje (het)	['pakjə]
caixa (~ de sapatos, etc.)	doos (de)	[dõs]
caixote (~ de madeira)	kist (de)	[kist]
cesto (m)	mand (de)	[mant]

VERBOS PRINCIPAIS

13. Os verbos mais importantes. Parte 1

abrir (vt)	openen	['ɔpənən]
acabar, terminar (vt)	beëindigen	[be'ɛjndəxən]
aconselhar (vt)	adviseren	[atvi'zirən]
adivinhar (vt)	goed raden	[xut 'radən]
advertir (vt)	waarschuwen	['wārsxjuvən]
ajudar (vt)	helpen	['hɛlpən]
almoçar (vi)	lunchen	['lʉnʃən]
alugar (~ um apartamento)	huren	['hʉrən]
amar (pessoa)	liefhebben	['lifhɛbən]
ameaçar (vt)	bedreigen	[bə'drɛjxən]
anotar (escrever)	opschrijven	['ɔpsxrɛjvən]
apressar-se (vr)	zich haasten	[zix 'hāstən]
arrepender-se (vr)	betreuren	[bə'trørən]
assinar (vt)	ondertekenen	['ɔndər'tekənən]
brincar (vi)	grappen maken	['xrapən 'makən]
brincar, jogar (vi, vt)	spelen	['spelən]
buscar (vt)	zoeken	['zukən]
caçar (vi)	jagen	['jaxən]
cair (vi)	vallen	['valən]
cavar (vt)	graven	['xravən]
chamar (~ por socorro)	roepen	['rupən]
chegar (vi)	aankomen	['ānkɔmən]
chorar (vi)	huilen	['hœvlən]
começar (vt)	beginnen	[bə'xinən]
comparar (vt)	vergelijken	[vɛrxə'lɛjkən]
concordar (dizer "sim")	instemmen	['instɛmən]
confiar (vt)	vertrouwen	[vər'trauwən]
confundir (equivocar-se)	verwarren	[vər'warən]
conhecer (vt)	kennen	['kɛnən]
contar (fazer contas)	tellen	['tɛlən]
contar com ...	rekenen op ...	['rekənən ɔp]
continuar (vt)	vervolgen	[vər'vɔlxən]
controlar (vt)	controleren	[kɔntrɔ'lerən]
convidar (vt)	uitnodigen	['œytnɔdixən]
correr (vi)	rennen	['renən]
criar (vt)	creëren	[kre'jerən]
custar (vt)	kosten	['kɔstən]

14. Os verbos mais importantes. Parte 2

dar (vt)	geven	['xevən]
dar uma dica	een hint geven	[en hint 'xevən]
decorar (enfeitar)	versieren	[vər'sirən]
defender (vt)	verdedigen	[vər'dedixən]
deixar cair (vt)	laten vallen	['latən 'valən]
descer (para baixo)	afdalen	['afdalən]
desculpar (vt)	excuseren	[ɛksku'zerən]
desculpar-se (vr)	zich verontschuldigen	[zih vərɔnt'sxuldəxən]
dirigir (~ uma empresa)	beheren	[bə'herən]
discutir (notícias, etc.)	bespreken	[bə'sprekən]
disparar, atirar (vi)	schieten	['sxitən]
dizer (vt)	zeggen	['zexən]
duvidar (vt)	twijfelen	['twɛjfelən]
encontrar (achar)	vinden	['vindən]
enganar (vt)	bedriegen	[bə'drixən]
entender (vt)	begrijpen	[bə'xrɛjpən]
entrar (na sala, etc.)	binnengaan	['binənxān]
enviar (uma carta)	sturen	['sturən]
errar (enganar-se)	zich vergissen	[zih vər'xisən]
escolher (vt)	kiezen	['kizən]
esconder (vt)	verbergen	[vər'bɛrxən]
escrever (vt)	schrijven	['sxrɛjvən]
esperar (aguardar)	wachten	['waxtən]
esperar (ter esperança)	hopen	['hɔpən]
esquecer (vt)	vergeten	[vər'xetən]
estudar (vt)	studeren	[stu'derən]
exigir (vt)	eisen	['ɛjsən]
existir (vi)	existeren	[ɛksis'tɛrən]
explicar (vt)	verklaren	[vər'klarən]
falar (vi)	spreken	['sprekən]
faltar (a la escuela, etc.)	verzuimen	[vər'zœymən]
fazer (vt)	doen	[dun]
ficar em silêncio	zwijgen	['zwɛjxən]
gabar-se (vr)	opscheppen	['ɔpsxepən]
gostar (apreciar)	bevallen	[bə'valən]
gritar (vi)	schreeuwen	['sxrẽwən]
guardar (fotos, etc.)	bewaren	[bə'warən]
informar (vt)	informeren	[infɔr'merən]
insistir (vi)	aandringen	['āndriŋən]
insultar (vt)	beledigen	[bə'ledəxən]
interessar-se (vr)	zich interesseren voor ...	[zix intərə'serən vōr]
ir (a pé)	gaan	[xān]
ir nadar	gaan zwemmen	[xān 'zwɛmən]
jantar (vi)	souperen	[su'perən]

15. Os verbos mais importantes. Parte 3

ler (vt)	lezen	['lezən]
libertar, liberar (vt)	bevrijden	[bə'vrɛjdən]
matar (vt)	doden	['dɔdən]
mencionar (vt)	vermelden	[vər'mɛldən]
mostrar (vt)	tonen	['tɔnən]

mudar (modificar)	veranderen	[və'randərən]
nadar (vi)	zwemmen	['zwɛmən]
negar-se a ... (vr)	weigeren	['wɛjxərən]
objetar (vt)	weerspreken	[wɛr'sprekən]

observar (vt)	waarnemen	['wārnemən]
ordenar (mil.)	bevelen	[bə'velən]
ouvir (vt)	horen	['hɔrən]
pagar (vt)	betalen	[bə'talən]
parar (vi)	stoppen	['stɔpən]

parar, cessar (vt)	ophouden	['ɔphaudən]
participar (vi)	deelnemen	['dēlnemən]
pedir (comida, etc.)	bestellen	[bə'stɛlən]
pedir (um favor, etc.)	verzoeken	[vər'zukən]
pegar (tomar)	nemen	['nemən]

pegar (uma bola)	vangen	['vaŋən]
pensar (vi, vt)	denken	['dɛnkən]
perceber (ver)	opmerken	['ɔpmɛrkən]
perdoar (vt)	vergeven	[vər'xevən]
perguntar (vt)	vragen	['vraxən]

permitir (vt)	toestaan	['tustān]
pertencer a ... (vi)	toebehoren aan ...	['tubəhɔrən ān]
planejar (vt)	plannen	['planən]
poder (~ fazer algo)	kunnen	['kʉnən]
possuir (uma casa, etc.)	bezitten	[bə'zitən]

preferir (vt)	prefereren	[prəfe'rerən]
preparar (vt)	bereiden	[bə'rɛjdən]
prever (vt)	voorzien	[vōr'zin]
prometer (vt)	beloven	[bə'lovən]
pronunciar (vt)	uitspreken	['œʏtsprekən]

propor (vt)	voorstellen	['vōrstɛlən]
punir (castigar)	bestraffen	[bə'strafən]
quebrar (vt)	breken	['brekən]
queixar-se de ...	klagen	['klaxən]
querer (desejar)	willen	['wilən]

16. Os verbos mais importantes. Parte 4

ralhar, repreender (vt)	uitvaren tegen	['œʏtvarən 'texən]
recomendar (vt)	aanbevelen	['āmbəvelən]

repetir (dizer outra vez)	herhalen	[hɛr'halən]
reservar (~ um quarto)	reserveren	[rezɛr'verən]
responder (vt)	antwoorden	['antwõrdən]
rezar, orar (vi)	bidden	['bidən]
rir (vi)	lachen	['laxən]
roubar (vt)	stelen	['stelən]
saber (vt)	weten	['wetən]
sair (~ de casa)	uitgaan	['œʏtxãn]
salvar (resgatar)	redden	['rɛdən]
seguir (~ alguém)	volgen	['vɔlxən]
sentar-se (vr)	gaan zitten	[xãn 'zitən]
ser necessário	nodig zijn	['nɔdəx zɛjn]
ser, estar	zijn	[zɛjn]
significar (vt)	betekenen	[bə'tekənən]
sorrir (vi)	glimlachen	['xlimlahən]
subestimar (vt)	onderschatten	['ɔndər'sxatən]
surpreender-se (vr)	verbaasd zijn	[vər'bãst zɛjn]
tentar (~ fazer)	proberen	[prɔ'berən]
ter (vt)	hebben	['hɛbən]
ter fome	honger hebben	['hɔŋər 'hɛbən]
ter medo	bang zijn	['baŋ zɛjn]
ter sede	dorst hebben	[dɔrst 'hɛbən]
tocar (com as mãos)	aanraken	['ãnrakən]
tomar café da manhã	ontbijten	[ɔn'bɛjtən]
trabalhar (vi)	werken	['wɛrkən]
traduzir (vt)	vertalen	[vər'talən]
unir (vt)	verenigen	[və'rɛnixən]
vender (vt)	verkopen	[vɛr'kɔpən]
ver (vt)	zien	[zin]
virar (~ para a direita)	afslaan	['afslãn]
voar (vi)	vliegen	['vlixən]

TEMPO. CALENDÁRIO

17. Dias da semana

segunda-feira (f)	maandag (de)	['mãndax]
terça-feira (f)	dinsdag (de)	['dinsdax]
quarta-feira (f)	woensdag (de)	['wunsdax]
quinta-feira (f)	donderdag (de)	['dɔndərdax]
sexta-feira (f)	vrijdag (de)	['vrɛjdax]
sábado (m)	zaterdag (de)	['zatərdax]
domingo (m)	zondag (de)	['zɔndax]
hoje	vandaag	[van'dãx]
amanhã	morgen	['mɔrxən]
depois de amanhã	overmorgen	[ɔvər'mɔrxən]
ontem	gisteren	['xistərən]
anteontem	eergisteren	[ēr'xistərən]
dia (m)	dag (de)	[dax]
dia (m) de trabalho	werkdag (de)	['wɛrk·dax]
feriado (m)	feestdag (de)	['fēst·dax]
dia (m) de folga	verlofdag (de)	[vər'lɔfdax]
fim (m) de semana	weekend (het)	['wikənt]
o dia todo	de hele dag	[də 'helə dah]
no dia seguinte	de volgende dag	[də 'vɔlxəndə dax]
há dois dias	twee dagen geleden	[twē 'daxən xə'ledən]
na véspera	aan de vooravond	[ãn də vō'ravɔnt]
diário (adj)	dag-, dagelijks	[dax], ['daxələks]
todos os dias	elke dag	['ɛlkə dax]
semana (f)	week (de)	[wēk]
na semana passada	vorige week	['vɔrixə wēk]
semana que vem	volgende week	['vɔlxəndə wēk]
semanal (adj)	wekelijks	['wekələks]
toda semana	elke week	['ɛlkə wēk]
duas vezes por semana	twee keer per week	[twē ker pər vēk]
toda terça-feira	elke dinsdag	['ɛlkə 'dinsdax]

18. Horas. Dia e noite

manhã (f)	morgen (de)	['mɔrxən]
de manhã	's morgens	[s 'mɔrxəns]
meio-dia (m)	middag (de)	['midax]
à tarde	's middags	[s 'midax]
tardinha (f)	avond (de)	['avont]
à tardinha	's avonds	[s 'avɔnts]

noite (f)	nacht (de)	[naxt]
à noite	's nachts	[s naxts]
meia-noite (f)	middernacht (de)	['midər·naxt]

segundo (m)	seconde (de)	[se'kɔndə]
minuto (m)	minuut (de)	[mi'nūt]
hora (f)	uur (het)	[ūr]
meia hora (f)	halfuur (het)	[half 'ūr]
quarto (m) de hora	kwartier (het)	['kwar'tir]
quinze minutos	vijftien minuten	['vɛjftin mi'nʉtən]
vinte e quatro horas	etmaal (het)	['ɛtmāl]

nascer (m) do sol	zonsopgang (de)	[zɔns'ɔpxaŋ]
amanhecer (m)	dageraad (de)	['daxərāt]
madrugada (f)	vroege morgen (de)	['vruxə 'mɔrxən]
pôr-do-sol (m)	zonsondergang (de)	[zɔns'ɔndərxaŋ]

de madrugada	's morgens vroeg	[s 'mɔrxəns vrux]
esta manhã	vanmorgen	[van'mɔrxən]
amanhã de manhã	morgenochtend	['mɔrxən·'ɔhtənt]

esta tarde	vanmiddag	[van'midax]
à tarde	's middags	[s 'midax]
amanhã à tarde	morgenmiddag	['mɔrxən·'midax]

| esta noite, hoje à noite | vanavond | [va'navɔnt] |
| amanhã à noite | morgenavond | ['mɔrxən·'avɔnt] |

às três horas em ponto	klokslag drie uur	['klɔkslax dri ūr]
por volta das quatro	ongeveer vier uur	[ɔnxə'vēr vir ūr]
às doze	tegen twaalf uur	['texən twālf ūr]

em vinte minutos	over twintig minuten	['ɔvər 'twintix mi'nʉtən]
em uma hora	over een uur	['ɔvər en ūr]
a tempo	op tijd	[ɔp tɛjt]

… um quarto para	kwart voor …	['kwart vōr]
dentro de uma hora	binnen een uur	['binən en ūr]
a cada quinze minutos	elk kwartier	['ɛlk kwar'tir]
as vinte e quatro horas	de klok rond	[də klɔk rɔnt]

19. Meses. Estações

janeiro (m)	januari (de)	[janʉ'ari]
fevereiro (m)	februari (de)	[febru'ari]
março (m)	maart (de)	[mārt]
abril (m)	april (de)	[ap'ril]
maio (m)	mei (de)	[mɛj]
junho (m)	juni (de)	['juni]

julho (m)	juli (de)	['juli]
agosto (m)	augustus (de)	[au'xʉstʉs]
setembro (m)	september (de)	[sɛp'tɛmbər]
outubro (m)	oktober (de)	[ɔk'tɔbər]

novembro (m)	november (de)	[nɔ'vɛmbər]
dezembro (m)	december (de)	[de'sɛmbər]
primavera (f)	lente (de)	['lɛntə]
na primavera	in de lente	[in də 'lɛntə]
primaveril (adj)	lente-	['lɛntə]
verão (m)	zomer (de)	['zɔmər]
no verão	in de zomer	[in də 'zɔmər]
de verão	zomer-, zomers	['zɔmər], ['zɔmərs]
outono (m)	herfst (de)	[hɛrfst]
no outono	in de herfst	[in də hɛrfst]
outonal (adj)	herfst-	[hɛrfst]
inverno (m)	winter (de)	['wintər]
no inverno	in de winter	[in də 'wintər]
de inverno	winter-	['wintər]
mês (m)	maand (de)	[mãnt]
este mês	deze maand	['dezə mãnt]
mês que vem	volgende maand	['vɔlxəndə mãnt]
no mês passado	vorige maand	['vɔrixə mãnt]
um mês atrás	een maand geleden	[en mãnt xə'ledən]
em um mês	over een maand	['ɔvər en mãnt]
em dois meses	over twee maanden	['ɔvər twẽ 'mãndən]
todo o mês	de hele maand	[də 'helə mãnt]
um mês inteiro	een volle maand	[en 'vɔlə mãnt]
mensal (adj)	maand-, maandelijks	[mãnt], ['mãndələks]
mensalmente	maandelijks	['mãndələks]
todo mês	elke maand	['ɛlkə mãnt]
duas vezes por mês	twee keer per maand	[twẽ ker per mãnt]
ano (m)	jaar (het)	[jãr]
este ano	dit jaar	[dit jãr]
ano que vem	volgend jaar	['vɔlxənt jãr]
no ano passado	vorig jaar	['vɔrəx jãr]
há um ano	een jaar geleden	[en jãr xə'ledən]
em um ano	over een jaar	['ɔvər en jãr]
dentro de dois anos	over twee jaar	['ɔvər twẽ jãr]
todo o ano	het hele jaar	[ət 'helə jãr]
um ano inteiro	een vol jaar	[en vɔl jãr]
cada ano	elk jaar	[ɛlk jãr]
anual (adj)	jaar-, jaarlijks	[jãr], ['jãrləks]
anualmente	jaarlijks	['jãrləks]
quatro vezes por ano	4 keer per jaar	[vir kẽr per 'jãr]
data (~ de hoje)	datum (de)	['datʉm]
data (ex. ~ de nascimento)	datum (de)	['datʉm]
calendário (m)	kalender (de)	[ka'lɛndər]
meio ano	een half jaar	[en half jãr]
seis meses	zes maanden	[zɛs 'mãndən]

| estação (f) | seizoen (het) | [sɛj'zun] |
| século (m) | eeuw (de) | [ēw] |

VIAGENS. HOTEL

20. Viagens

turismo (m)	toerisme (het)	[tu'rismə]
turista (m)	toerist (de)	[tu'rist]
viagem (f)	reis (de)	[rɛjs]
aventura (f)	avontuur (het)	[avɔn'tūr]
percurso (curta viagem)	tocht (de)	[tɔxt]
férias (f pl)	vakantie (de)	[va'kantsi]
estar de férias	met vakantie zijn	[mɛt va'kantsi zɛjn]
descanso (m)	rust (de)	[rʉst]
trem (m)	trein (de)	[trɛjn]
de trem (chegar ~)	met de trein	[mɛt də trɛjn]
avião (m)	vliegtuig (het)	['vlixtœɣx]
de avião	met het vliegtuig	[mɛt ət 'vlixtœɣx]
de carro	met de auto	[mɛt də 'autɔ]
de navio	per schip	[pər sxip]
bagagem (f)	bagage (de)	[ba'xaʒə]
mala (f)	valies (de)	[va'lis]
carrinho (m)	bagagekarretje (het)	[ba'xaʒə·'karɛtʃə]
passaporte (m)	paspoort (het)	['paspõrt]
visto (m)	visum (het)	['vizʉm]
passagem (f)	kaartje (het)	['kārtʃə]
passagem (f) aérea	vliegticket (het)	['vlix·'tikət]
guia (m) de viagem	reisgids (de)	['rɛjs·xids]
mapa (m)	kaart (de)	[kārt]
área (f)	gebied (het)	[xə'bit]
lugar (m)	plaats (de)	[plāts]
exotismo (m)	exotische bestemming (de)	[ɛ'ksɔtise bɛ'stemiŋ]
exótico (adj)	exotisch	[ɛk'sɔtis]
surpreendente (adj)	verwonderlijk	[vər'wɔndərlək]
grupo (m)	groep (de)	[xrup]
excursão (f)	rondleiding (de)	['rɔntlɛjdiŋ]
guia (m)	gids (de)	[xits]

21. Hotel

hotel (m)	hotel (het)	[hɔ'tɛl]
motel (m)	motel (het)	[mɔ'tɛl]
três estrelas	3-sterren	[dri-'stɛrən]

| cinco estrelas | 5-sterren | [vɛjf-'stɛrən] |
| ficar (vi, vt) | overnachten | [ɔvər'naxtən] |

quarto (m)	kamer (de)	['kamər]
quarto (m) individual	eenpersoonskamer (de)	[ēnpɛr'sōns·'kamər]
quarto (m) duplo	tweepersoonskamer (de)	[twē·pɛr'sōns·'kamər]
reservar um quarto	een kamer reserveren	[en 'kamər rezər'verən]

| meia pensão (f) | halfpension (het) | [half·pɛn'ʃɔn] |
| pensão (f) completa | volpension (het) | ['vɔl·pɛn'ʃɔn] |

com banheira	met badkamer	[mɛt 'batkamər]
com chuveiro	met douche	[mɛt 'duʃ]
televisão (m) por satélite	satelliet-tv (de)	[satə'lit-te've]
ar (m) condicionado	airconditioner (de)	[ɛr·kɔn'diʃənər]
toalha (f)	handdoek (de)	['handuk]
chave (f)	sleutel (de)	['sløtəl]

administrador (m)	administrateur (de)	[atministra'tør]
camareira (f)	kamermeisje (het)	['kamər·'mɛjɕə]
bagageiro (m)	piccolo (de)	['pikɔlɔ]
porteiro (m)	portier (de)	[pɔ'rtīr]

restaurante (m)	restaurant (het)	[rɛstɔ'rant]
bar (m)	bar (de)	[bar]
café (m) da manhã	ontbijt (het)	[ɔn'bɛjt]
jantar (m)	avondeten (het)	['avɔntetən]
bufê (m)	buffet (het)	[bʉ'fɛt]

| saguão (m) | hal (de) | [hal] |
| elevador (m) | lift (de) | [lift] |

| NÃO PERTURBE | NIET STOREN | [nit 'stɔrən] |
| PROIBIDO FUMAR! | VERBODEN TE ROKEN! | [vər'bodən tə 'rɔkən] |

22. Turismo

monumento (m)	monument (het)	[monʉ'mɛnt]
fortaleza (f)	vesting (de)	['vɛstiŋ]
palácio (m)	paleis (het)	[pa'lɛjs]
castelo (m)	kasteel (het)	[kas'tēl]
torre (f)	toren (de)	['tɔrən]
mausoléu (m)	mausoleum (het)	[mauzɔ'leum]

arquitetura (f)	architectuur (de)	[arʃitək'tūr]
medieval (adj)	middeleeuws	['midəlēws]
antigo (adj)	oud	['aut]
nacional (adj)	nationaal	[natsjɔ'nāl]
famoso, conhecido (adj)	bekend	[bə'kɛnt]

turista (m)	toerist (de)	[tu'rist]
guia (pessoa)	gids (de)	[xits]
excursão (f)	rondleiding (de)	['rɔntlɛjdiŋ]
mostrar (vt)	tonen	['tɔnən]

contar (vt)	vertellen	[vər'tɛlən]
encontrar (vt)	vinden	['vindən]
perder-se (vr)	verdwalen	[vərd'walən]
mapa (~ do metrô)	plattegrond (de)	['platə·xrɔnt]
mapa (~ da cidade)	plattegrond (de)	['platə·xrɔnt]
lembrança (f), presente (m)	souvenir (het)	[suve'nir]
loja (f) de presentes	souvenirwinkel (de)	[suve'nir·'winkəl]
tirar fotos, fotografar	foto's maken	['fotɔs 'makən]
fotografar-se (vr)	zich laten fotograferen	[zih 'latən fotɔxra'ferən]

TRANSPORTES

23. Aeroporto

aeroporto (m)	luchthaven (de)	['lʉxthavən]
avião (m)	vliegtuig (het)	['vlixtœɣx]
companhia (f) aérea	luchtvaart-maatschappij (de)	['lʉxtvārt mātsxa'pɛj]
controlador (m) de tráfego aéreo	luchtverkeersleider (de)	['lʉxt·verkērs·'lɛjdər]

partida (f)	vertrek (het)	[vər'trɛk]
chegada (f)	aankomst (de)	['ānkɔmst]
chegar (vi)	aankomen	['ānkɔmən]

hora (f) de partida	vertrektijd (de)	[vər'trɛk·tɛjt]
hora (f) de chegada	aankomstuur (het)	['ānkɔmst·'ūr]

estar atrasado	vertraagd zijn	[vər'trāxt zɛjn]
atraso (m) de voo	vluchtvertraging (de)	['vlʉxt·vərt'raxiŋ]

painel (m) de informação	informatiebord (het)	[infɔr'matsi·bɔrt]
informação (f)	informatie (de)	[infɔr'matsi]
anunciar (vt)	aankondigen	['ānkɔndəxən]
voo (m)	vlucht (de)	[vlʉxt]

alfândega (f)	douane (de)	[du'anə]
funcionário (m) da alfândega	douanier (de)	[dua'njē]

declaração (f) alfandegária	douaneaangifte (de)	[du'anə·'ānxiftə]
preencher (vt)	invullen	['invʉlən]
preencher a declaração	een douaneaangifte invullen	[en du'anə·'ānxiftə 'invʉlən]
controle (m) de passaporte	paspoortcontrole (de)	['paspōrt·kɔn'trɔlə]

bagagem (f)	bagage (de)	[ba'xaʒə]
bagagem (f) de mão	handbagage (de)	[hant·ba'xaʒə]
carrinho (m)	bagagekarretje (het)	[ba'xaʒə·'karɛtʃə]

pouso (m)	landing (de)	['landiŋ]
pista (f) de pouso	landingsbaan (de)	['landiŋs·bān]
aterrissar (vi)	landen	['landən]
escada (f) de avião	vliegtuigtrap (de)	['vlixtœɣx·trap]

check-in (m)	inchecken (het)	['intʃɛkən]
balcão (m) do check-in	incheckbalie (de)	['intʃɛk·'bali]
fazer o check-in	inchecken	['intʃɛkən]
cartão (m) de embarque	instapkaart (de)	['instap·kārt]
portão (m) de embarque	gate (de)	[gejt]
trânsito (m)	transit (de)	['transit]

esperar (vi, vt)	wachten	['waxtən]
sala (f) de espera	wachtzaal (de)	['waxt·zāl]
despedir-se (acompanhar)	begeleiden	[bəxə'lɛjdən]
despedir-se (dizer adeus)	afscheid nemen	['afsxɛjt 'nemən]

24. Avião

avião (m)	vliegtuig (het)	['vlixtœɣx]
passagem (f) aérea	vliegticket (het)	['vlix·'tikət]
companhia (f) aérea	luchtvaart-maatschappij (de)	['lʉxtvārt mātsxa'pɛj]
aeroporto (m)	luchthaven (de)	['lʉxthavən]
supersônico (adj)	supersonisch	[supər'sɔnis]
comandante (m) do avião	gezagvoerder (de)	[xəzax·'vurdər]
tripulação (f)	bemanning (de)	[bə'maniŋ]
piloto (m)	piloot (de)	[pi'lōt]
aeromoça (f)	stewardess (de)	[stʉwər'dɛs]
copiloto (m)	stuurman (de)	['stūrman]
asas (f pl)	vleugels	['vløxəls]
cauda (f)	staart (de)	[stārt]
cabine (f)	cabine (de)	[ka'binə]
motor (m)	motor (de)	['mɔtɔr]
trem (m) de pouso	landingsgestel (het)	['landiŋs·xə'stɛl]
turbina (f)	turbine (de)	[tʉr'binə]
hélice (f)	propeller (de)	[prɔ'pelər]
caixa-preta (f)	zwarte doos (de)	['zwartə dōs]
coluna (f) de controle	stuur (het)	[stūr]
combustível (m)	brandstof (de)	['brandstɔf]
instruções (f pl) de segurança	veiligheidskaart (de)	['vɛjləxhɛjts·kārt]
máscara (f) de oxigênio	zuurstofmasker (het)	['zūrstɔf·'maskər]
uniforme (m)	uniform (het)	['junifɔrm]
colete (m) salva-vidas	reddingsvest (de)	['rɛdiŋs·vɛst]
paraquedas (m)	parachute (de)	[para'ʃʉtə]
decolagem (f)	opstijgen (het)	['ɔpstɛjxən]
descolar (vi)	opstijgen	['ɔpstɛjxən]
pista (f) de decolagem	startbaan (de)	['start·bān]
visibilidade (f)	zicht (het)	[zixt]
voo (m)	vlucht (de)	[vlʉxt]
altura (f)	hoogte (de)	['hōxtə]
poço (m) de ar	luchtzak (de)	['lʉxt·zak]
assento (m)	plaats (de)	[plāts]
fone (m) de ouvido	koptelefoon (de)	['kɔp·telə'fōn]
mesa (f) retrátil	tafeltje (het)	['tafɛltʃə]
janela (f)	venster (het)	['vɛnstər]
corredor (m)	gangpad (het)	['haŋpat]

25. Comboio

trem (m)	trein (de)	[trɛjn]
trem (m) elétrico	elektrische trein (de)	[ɛ'lɛktrisə trɛjn]
trem (m)	sneltrein (de)	['snɛl·trɛjn]
locomotiva (f) diesel	diesellocomotief (de)	['dizəl·lɔkɔmɔ'tif]
locomotiva (f) a vapor	stoomlocomotief (de)	[stõm·lɔkɔmɔ'tif]
vagão (f) de passageiros	rijtuig (het)	['rɛjtœyx]
vagão-restaurante (m)	restauratierijtuig (het)	[rɛstɔ'ratsi·'rɛjtœyx]
carris (m pl)	rails	['rɛjls]
estrada (f) de ferro	spoorweg (de)	['spõr·wɛx]
travessa (f)	dwarsligger (de)	['dwars·lixə]
plataforma (f)	perron (het)	[pɛ'rɔn]
linha (f)	spoor (het)	[spõr]
semáforo (m)	semafoor (de)	[səma'fõr]
estação (f)	halte (de)	['haltə]
maquinista (m)	machinist (de)	[maʃi'nist]
bagageiro (m)	kruier (de)	['krœyər]
hospedeiro, -a (m, f)	conducteur (de)	[kɔndʉk'tør]
passageiro (m)	passagier (de)	[pasa'xir]
revisor (m)	controleur (de)	[kɔntrɔ'lør]
corredor (m)	gang (de)	[xaŋ]
freio (m) de emergência	noodrem (de)	['nõd·rɛm]
compartimento (m)	coupé (de)	[ku'pɛ]
cama (f)	bed (het)	[bɛt]
cama (f) de cima	bovenste bed (het)	['bovɛnstə bɛt]
cama (f) de baixo	onderste bed (het)	['ɔndərstə bɛt]
roupa (f) de cama	beddengoed (het)	['bɛdən·xut]
passagem (f)	kaartje (het)	['kārtʃə]
horário (m)	dienstregeling (de)	[dinst·'rexəliŋ]
painel (m) de informação	informatiebord (het)	[infɔr'matsi·bɔrt]
partir (vt)	vertrekken	[vər'trɛkən]
partida (f)	vertrek (het)	[vər'trɛk]
chegar (vi)	aankomen	['ānkɔmən]
chegada (f)	aankomst (de)	['ānkɔmst]
chegar de trem	aankomen per trein	['ānkɔmən pɛr trɛjn]
pegar o trem	in de trein stappen	[in də 'trɛjn 'stapən]
descer de trem	uit de trein stappen	['œyt də 'trɛjn 'stapən]
acidente (m) ferroviário	treinwrak (het)	['trɛjn·wrak]
descarrilar (vi)	ontspoord zijn	[ɔnt'spõrt zɛjn]
locomotiva (f) a vapor	stoomlocomotief (de)	[stõm·lɔkɔmɔ'tif]
foguista (m)	stoker (de)	['stɔkər]
fornalha (f)	stookplaats (de)	['stõk·plāts]
carvão (m)	steenkool (de)	['stēn·kõl]

26. Barco

navio (m)	schip (het)	[sxip]
embarcação (f)	vaartuig (het)	['vărtœɣx]
barco (m) a vapor	stoomboot (de)	['stõm·bõt]
barco (m) fluvial	motorschip (het)	['mɔtɔr·sxip]
transatlântico (m)	lijnschip (het)	['lɛjn·sxip]
cruzeiro (m)	kruiser (de)	['krœɣsər]
iate (m)	jacht (het)	[jaxt]
rebocador (m)	sleepboot (de)	['slēp·bõt]
barcaça (f)	duwbak (de)	['dɰwbak]
ferry (m)	ferryboot (de)	['fɛri·bõt]
veleiro (m)	zeilboot (de)	['zɛjl·bõt]
bergantim (m)	brigantijn (de)	[brixan'tɛjn]
quebra-gelo (m)	ijsbreker (de)	['ɛjs·brekər]
submarino (m)	duikboot (de)	['dœɣk·bõt]
bote, barco (m)	boot (de)	[bõt]
baleeira (bote salva-vidas)	sloep (de)	[slup]
bote (m) salva-vidas	reddingssloep (de)	['rɛdiŋs·slup]
lancha (f)	motorboot (de)	['mɔtɔr·bõt]
capitão (m)	kapitein (de)	[kapi'tɛjn]
marinheiro (m)	zeeman (de)	['zēman]
marujo (m)	matroos (de)	[ma'trõs]
tripulação (f)	bemanning (de)	[bə'maniŋ]
contramestre (m)	bootsman (de)	['bõtsman]
grumete (m)	scheepsjongen (de)	['sxēps·'joŋən]
cozinheiro (m) de bordo	kok (de)	[kɔk]
médico (m) de bordo	scheepsarts (de)	['sxēps·arts]
convés (m)	dek (het)	[dɛk]
mastro (m)	mast (de)	[mast]
vela (f)	zeil (het)	[zɛjl]
porão (m)	ruim (het)	[rœɣm]
proa (f)	voorsteven (de)	['võrstevən]
popa (f)	achtersteven (de)	['axtər·stevən]
remo (m)	roeispaan (de)	['rujs·pān]
hélice (f)	schroef (de)	[sxruf]
cabine (m)	kajuit (de)	[kajœɣt]
sala (f) dos oficiais	officierskamer (de)	[ɔfi'sir·'kamər]
sala (f) das máquinas	machinekamer (de)	[ma'ʃinə·'kamər]
ponte (m) de comando	brug (de)	[brɰx]
sala (f) de comunicações	radiokamer (de)	['radio·'kamər]
onda (f)	radiogolf (de)	['radio·xɔlf]
diário (m) de bordo	logboek (het)	['lɔxbuk]
luneta (f)	verrekijker (de)	['vɛrəkɛjkər]
sino (m)	klok (de)	[klɔk]

bandeira (f)	vlag (de)	[vlax]
cabo (m)	kabel (de)	['kabəl]
nó (m)	knoop (de)	[knõp]
corrimão (m)	leuning (de)	['løniŋ]
prancha (f) de embarque	trap (de)	[trap]
âncora (f)	anker (het)	['ankər]
recolher a âncora	het anker lichten	[ət 'ankər 'lixtən]
jogar a âncora	het anker neerlaten	[ət 'ankər 'nērlatən]
amarra (corrente de âncora)	ankerketting (de)	['ankər·'ketiŋ]
porto (m)	haven (de)	['havən]
cais, amarradouro (m)	kaai (de)	[kãj]
atracar (vi)	aanleggen	['ānlexən]
desatracar (vi)	wegvaren	['wɛxvarən]
viagem (f)	reis (de)	[rɛjs]
cruzeiro (m)	cruise (de)	[krus]
rumo (m)	koers (de)	[kurs]
itinerário (m)	route (de)	['rutə]
canal (m) de navegação	vaarwater (het)	['vār·watər]
banco (m) de areia	zandbank (de)	['zant·bank]
encalhar (vt)	stranden	['strandən]
tempestade (f)	storm (de)	[stɔrm]
sinal (m)	signaal (het)	[si'njāl]
afundar-se (vr)	zinken	['zinkən]
Homem ao mar!	Man overboord!	[man ɔvər'bõrt]
SOS	SOS	[ɛs ɔ ɛs]
boia (f) salva-vidas	reddingsboei (de)	['rɛdiŋs·bui]

CIDADE

27. Transportes urbanos

ônibus (m)	bus, autobus (de)	[bʉs], ['autobʉs]
bonde (m) elétrico	tram (de)	[trɛm]
trólebus (m)	trolleybus (de)	['trɔlibʉs]
rota (f), itinerário (m)	route (de)	['rutə]
número (m)	nummer (het)	['nʉmər]
ir de … (carro, etc.)	rijden met …	['rɛjdən mɛt]
entrar no …	stappen	['stapən]
descer do …	afstappen	['afstapən]
parada (f)	halte (de)	['haltə]
próxima parada (f)	volgende halte (de)	['vɔlxəndə 'haltə]
terminal (m)	eindpunt (het)	['ɛjnt·pʉnt]
horário (m)	dienstregeling (de)	[dinst·'rexəliŋ]
esperar (vt)	wachten	['waxtən]
passagem (f)	kaartje (het)	['kārtʃə]
tarifa (f)	reiskosten (de)	['rɛjs·kɔstən]
bilheteiro (m)	kassier (de)	[ka'sir]
controle (m) de passagens	kaartcontrole (de)	['kārt·kɔn'trɔlə]
revisor (m)	controleur (de)	[kɔntrɔ'lør]
atrasar-se (vr)	te laat zijn	[tə 'lāt zɛjn]
perder (o autocarro, etc.)	missen (de bus ~)	['misən]
estar com pressa	zich haasten	[zix 'hāstən]
táxi (m)	taxi (de)	['taksi]
taxista (m)	taxichauffeur (de)	['taksi·ʃoˈfør]
de táxi (ir ~)	met de taxi	[mɛt də 'taksi]
ponto (m) de táxis	taxistandplaats (de)	['taksi·'stant·plāts]
chamar um táxi	een taxi bestellen	[en 'taksi bə'stɛlən]
pegar um táxi	een taxi nemen	[en 'taksi 'nemən]
tráfego (m)	verkeer (het)	[vər'kēr]
engarrafamento (m)	file (de)	['filə]
horas (f pl) de pico	spitsuur (het)	['spits·ūr]
estacionar (vi)	parkeren	[par'kerən]
estacionar (vt)	parkeren	[par'kerən]
parque (m) de estacionamento	parking (de)	['parkiŋ]
metrô (m)	metro (de)	['metrɔ]
estação (f)	halte (de)	['haltə]
ir de metrô	de metro nemen	[də 'metrɔ 'nemən]
trem (m)	trein (de)	[trɛjn]
estação (f) de trem	station (het)	[sta'tsjɔn]

28. Cidade. Vida na cidade

cidade (f)	stad (de)	[stat]
capital (f)	hoofdstad (de)	['hõft·stat]
aldeia (f)	dorp (het)	[dɔrp]
mapa (m) da cidade	plattegrond (de)	['platə·xrɔnt]
centro (m) da cidade	centrum (het)	['sɛntrʉm]
subúrbio (m)	voorstad (de)	['võrstat]
suburbano (adj)	voorstads-	['võrstats]
periferia (f)	randgemeente (de)	['rant·xəmēntə]
arredores (m pl)	omgeving (de)	[ɔm'xeviŋ]
quarteirão (m)	blok (het)	[blɔk]
quarteirão (m) residencial	woonwijk (de)	['wõnvɛjk]
tráfego (m)	verkeer (het)	[vər'kēr]
semáforo (m)	verkeerslicht (het)	[vər'kērs·lixt]
transporte (m) público	openbaar vervoer (het)	[ɔpən'bār vər'vur]
cruzamento (m)	kruispunt (het)	['krœys·pynt]
faixa (f)	zebrapad (het)	['zɛbra·pat]
túnel (m) subterrâneo	onderdoorgang (de)	['ɔndər·'dõrxaŋ]
cruzar, atravessar (vt)	oversteken	[over'stekən]
pedestre (m)	voetganger (de)	['vutxaŋər]
calçada (f)	trottoir (het)	[trɔtu'ar]
ponte (f)	brug (de)	[brʉx]
margem (f) do rio	dijk (de)	[dɛjk]
fonte (f)	fontein (de)	[fɔn'tɛjn]
alameda (f)	allee (de)	[a'lē]
parque (m)	park (het)	[park]
bulevar (m)	boulevard (de)	[bulə'var]
praça (f)	plein (het)	[plɛjn]
avenida (f)	laan (de)	[lān]
rua (f)	straat (de)	[strāt]
travessa (f)	zijstraat (de)	['zɛj·strāt]
beco (m) sem saída	doodlopende straat (de)	[dõd'lɔpəndə strāt]
casa (f)	huis (het)	['hœys]
edifício, prédio (m)	gebouw (het)	[xə'bau]
arranha-céu (m)	wolkenkrabber (de)	['wɔlkən·'krabər]
fachada (f)	gevel (de)	['xevəl]
telhado (m)	dak (het)	[dak]
janela (f)	venster (het)	['vɛnstər]
arco (m)	boog (de)	[bõx]
coluna (f)	pilaar (de)	[pi'lār]
esquina (f)	hoek (de)	[huk]
vitrine (f)	vitrine (de)	[vit'rinə]
letreiro (m)	gevelreclame (de)	['xevəl·re'klamə]
cartaz (do filme, etc.)	affiche (de/het)	[a'fiʃə]
cartaz (m) publicitário	reclameposter (de)	[re'klamə·'pɔstər]

painel (m) publicitário	aanplakbord (het)	['ānplak·'bɔrt]
lixo (m)	vuilnis (de/het)	['vœylnis]
lata (f) de lixo	vuilnisbak (de)	['vœylnis·bak]
jogar lixo na rua	afval weggooien	['afval 'wɛxōjən]
aterro (m) sanitário	stortplaats (de)	['stɔrt·plāts]

orelhão (m)	telefooncel (de)	[telə'fōn·səl]
poste (m) de luz	straatlicht (het)	['strāt·lixt]
banco (m)	bank (de)	[bank]

polícia (m)	politieagent (de)	[pɔ'litsi·a'xɛnt]
polícia (instituição)	politie (de)	[pɔ'litsi]
mendigo, pedinte (m)	zwerver (de)	['zwɛrvər]
desabrigado (m)	dakloze (de)	[dak'lozə]

29. Instituições urbanas

loja (f)	winkel (de)	['winkəl]
drogaria (f)	apotheek (de)	[apɔ'tēk]
ótica (f)	optiek (de)	[ɔp'tik]
centro (m) comercial	winkelcentrum (het)	['winkəl·'sɛntrʉm]
supermercado (m)	supermarkt (de)	['sʉpərmarkt]

padaria (f)	bakkerij (de)	['bakərɛj]
padeiro (m)	bakker (de)	['bakər]
pastelaria (f)	banketbakkerij (de)	[ban'ket·bakə'rɛj]
mercearia (f)	kruidenier (de)	[krœydə'nir]
açougue (m)	slagerij (de)	[slaxə'rɛj]

| fruteira (f) | groentewinkel (de) | ['xruntə·'winkəl] |
| mercado (m) | markt (de) | [markt] |

cafeteria (f)	koffiehuis (het)	['kɔfi·hœys]
restaurante (m)	restaurant (het)	[rɛstɔ'rant]
bar (m)	bar (de)	[bar]
pizzaria (f)	pizzeria (de)	[pitsə'rija]

salão (m) de cabeleireiro	kapperssalon (de/het)	['kapərs·sa'lɔn]
agência (f) dos correios	postkantoor (het)	[pɔst·kan'tōr]
lavanderia (f)	stomerij (de)	[stɔmɛ'rɛj]
estúdio (m) fotográfico	fotostudio (de)	[fotɔ·'stʉdio]

sapataria (f)	schoenwinkel (de)	['sxun·'winkəl]
livraria (f)	boekhandel (de)	['bukən·'handəl]
loja (f) de artigos esportivos	sportwinkel (de)	['spɔrt·'winkəl]

costureira (m)	kledingreparatie (de)	['kledin·repa'ratsi]
aluguel (m) de roupa	kledingverhuur (de)	['kledin·vər'hʉr]
videolocadora (f)	videotheek (de)	[videɔ'tēk]

circo (m)	circus (de/het)	['sirkʉs]
jardim (m) zoológico	dierentuin (de)	['dīrən·tœyn]
cinema (m)	bioscoop (de)	[biɔ'skōp]
museu (m)	museum (het)	[mʉ'zejum]

biblioteca (f)	bibliotheek (de)	[biblio'tēk]
teatro (m)	theater (het)	[te'atər]
ópera (f)	opera (de)	['ɔpəra]
boate (casa noturna)	nachtclub (de)	['naxt·klʉp]
cassino (m)	casino (het)	[ka'sinɔ]

mesquita (f)	moskee (de)	[mɔs'kē]
sinagoga (f)	synagoge (de)	[sina'xɔxə]
catedral (f)	kathedraal (de)	[kate'drāl]
templo (m)	tempel (de)	['tɛmpəl]
igreja (f)	kerk (de)	[kɛrk]

faculdade (f)	instituut (het)	[insti'tūt]
universidade (f)	universiteit (de)	[junivɛrsi'tɛjt]
escola (f)	school (de)	[sxōl]

prefeitura (f)	gemeentehuis (het)	[xə'mēntə·hœys]
câmara (f) municipal	stadhuis (het)	['stat·hœys]
hotel (m)	hotel (het)	[hɔ'tɛl]
banco (m)	bank (de)	[bank]

embaixada (f)	ambassade (de)	[amba'sadə]
agência (f) de viagens	reisbureau (het)	[rɛjs·bʉ'rɔ]
agência (f) de informações	informatieloket (het)	[infor'matsi·lɔ'kɛt]
casa (f) de câmbio	wisselkantoor (het)	['wisəl·kan'tōr]

| metrô (m) | metro (de) | ['metrɔ] |
| hospital (m) | ziekenhuis (het) | ['zikən·hœys] |

| posto (m) de gasolina | benzinestation (het) | [bɛn'zinə·sta'tsjɔn] |
| parque (m) de estacionamento | parking (de) | ['parkiŋ] |

30. Sinais

letreiro (m)	gevelreclame (de)	['xevəl·re'klamə]
aviso (m)	opschrift (het)	['ɔpsxrift]
cartaz, pôster (m)	poster (de)	['pɔstər]
placa (f) de direção	wegwijzer (de)	['wɛx·wɛjzər]
seta (f)	pijl (de)	[pɛjl]

aviso (advertência)	waarschuwing (de)	['wārsxjuviŋ]
sinal (m) de aviso	waarschuwingsbord (het)	['wārsxjuviŋs·bɔrt]
avisar, advertir (vt)	waarschuwen	['wārsxjuvən]

dia (m) de folga	vrije dag (de)	['vrɛjə dax]
horário (~ dos trens, etc.)	dienstregeling (de)	[dinst·'rexəliŋ]
horário (m)	openingsuren	['ɔpəniŋs·ʉrən]

BEM-VINDOS!	WELKOM!	['wɛlkɔm]
ENTRADA	INGANG	['inxaŋ]
SAÍDA	UITGANG	['œytxaŋ]

| EMPURRE | DUWEN | ['dʉwən] |
| PUXE | TREKKEN | ['trɛkən] |

| ABERTO | OPEN | ['ɔpən] |
| FECHADO | GESLOTEN | [xə'slɔtən] |

| MULHER | DAMES | ['daməs] |
| HOMEM | HEREN | ['herən] |

DESCONTOS	KORTING	['kɔrtiŋ]
SALDOS, PROMOÇÃO	UITVERKOOP	['œytverkōp]
NOVIDADE!	NIEUW!	[niu]
GRÁTIS	GRATIS	['xratis]

ATENÇÃO!	PAS OP!	[pas 'ɔp]
NÃO HÁ VAGAS	VOLGEBOEKT	['vɔlxəbukt]
RESERVADO	GERESERVEERD	[xərezər'vērt]

ADMINISTRAÇÃO	ADMINISTRATIE	[atminist'ratsi]
SOMENTE PESSOAL	ALLEEN VOOR	[a'lēn vōr
AUTORIZADO	PERSONEEL	pərsɔ'nēl]

CUIDADO CÃO FEROZ	GEVAARLIJKE HOND	[xe'vārləkə hɔnt]
PROIBIDO FUMAR!	VERBODEN TE ROKEN!	[vər'bɔdən tə 'rɔkən]
NÃO TOCAR	NIET AANRAKEN!	[nit ān'rakən]

PERIGOSO	GEVAARLIJK	[xe'vārlək]
PERIGO	GEVAAR	[xe'vār]
ALTA TENSÃO	HOOGSPANNING	[hōh·'spaniŋ]
PROIBIDO NADAR	VERBODEN TE ZWEMMEN	[vər'bɔdən tə 'zwɛmən]
COM DEFEITO	BUITEN GEBRUIK	['bœytən xəbrœyk]

INFLAMÁVEL	ONTVLAMBAAR	[ɔnt'flambār]
PROIBIDO	VERBODEN	[vər'bɔdən]
ENTRADA PROIBIDA	DOORGANG VERBODEN	['dōrxaŋ vər'bɔdən]
CUIDADO TINTA FRESCA	OPGELET PAS GEVERFD	[ɔpxe'lɛt pas xə'verft]

31. Compras

comprar (vt)	kopen	['kɔpən]
compra (f)	aankoop (de)	['ānkɔp]
fazer compras	winkelen	['winkelən]
compras (f pl)	winkelen (het)	['winkelən]

| estar aberta (loja) | open zijn | ['ɔpən zɛjn] |
| estar fechada | gesloten zijn | [xə'slɔtən zɛjn] |

calçado (m)	schoeisel (het)	['sxuisəl]
roupa (f)	kleren (mv.)	['klerən]
cosméticos (m pl)	cosmetica (mv.)	[kɔs'metika]
alimentos (m pl)	voedingswaren	['vudiŋs·warən]
presente (m)	geschenk (het)	[xə'sxɛnk]

vendedor (m)	verkoper (de)	[vər'kɔpər]
vendedora (f)	verkoopster (de)	[vər'kōpstər]
caixa (f)	kassa (de)	['kasa]
espelho (m)	spiegel (de)	['spixəl]

| balcão (m) | toonbank (de) | ['tōn·bank] |
| provador (m) | paskamer (de) | ['pas·kamər] |

provar (vt)	aanpassen	['ānpasən]
servir (roupa, caber)	passen	['pasən]
gostar (apreciar)	bevallen	[bə'valən]

preço (m)	prijs (de)	[prɛjs]
etiqueta (f) de preço	prijskaartje (het)	['prɛjs·'kārtʃə]
custar (vt)	kosten	['kɔstən]
Quanto?	Hoeveel?	[hu'vēl]
desconto (m)	korting (de)	['kɔrtiŋ]

não caro (adj)	niet duur	[nit dūr]
barato (adj)	goedkoop	[xut'kōp]
caro (adj)	duur	[dūr]
É caro	Dat is duur.	[dat is 'dūr]

aluguel (m)	verhuur (de)	[vər'hūr]
alugar (roupas, etc.)	huren	['hʉrən]
crédito (m)	krediet (het)	[kre'dit]
a crédito	op krediet	[ɔp kre'dit]

VESTUÁRIO & ACESSÓRIOS

32. Roupa exterior. Casacos

roupa (f)	kleren (mv.)	['klerən]
roupa (f) exterior	bovenkleding (de)	['bɔvən·'klediŋ]
roupa (f) de inverno	winterkleding (de)	['wintər·'klediŋ]
sobretudo (m)	jas (de)	[jas]
casaco (m) de pele	bontjas (de)	[bɔnt jas]
jaqueta (f) de pele	bontjasje (het)	[bɔnt 'jaɕə]
casaco (m) acolchoado	donzen jas (de)	['dɔnzən jas]
casaco (m), jaqueta (f)	jasje (het)	['jaɕə]
impermeável (m)	regenjas (de)	['rexən jas]
a prova d'água	waterdicht	['watərdixt]

33. Vestuário de homem & mulher

camisa (f)	overhemd (het)	['ɔvərhɛmt]
calça (f)	broek (de)	[bruk]
jeans (m)	jeans (de)	[dʒins]
paletó, terno (m)	colbert (de)	['kɔlbər]
terno (m)	kostuum (het)	[kɔs'tūm]
vestido (ex. ~ de noiva)	jurk (de)	[jurk]
saia (f)	rok (de)	[rɔk]
blusa (f)	blouse (de)	['blus]
casaco (m) de malha	wollen vest (de)	['wɔlən vɛst]
casaco, blazer (m)	blazer (de)	['blezər]
camiseta (f)	T-shirt (het)	['tiʃøt]
short (m)	shorts	[ʃɔrts]
training (m)	trainingspak (het)	['trɛjniŋs·pak]
roupão (m) de banho	badjas (de)	['batjas]
pijama (m)	pyjama (de)	[pi'jama]
suéter (m)	sweater (de)	['swetər]
pulôver (m)	pullover (de)	[pʉ'lɔvər]
colete (m)	gilet (het)	[ʒi'lɛt]
fraque (m)	rokkostuum (het)	[rɔk·kɔs'tūm]
smoking (m)	smoking (de)	['smɔkiŋ]
uniforme (m)	uniform (het)	['junifɔrm]
roupa (f) de trabalho	werkkleding (de)	['wɛrk·'klediŋ]
macacão (m)	overall (de)	[ɔvə'ral]
jaleco (m), bata (f)	doktersjas (de)	['dɔktərs jas]

34. Vestuário. Roupa interior

roupa (f) íntima	ondergoed (het)	['ɔndərxut]
cueca boxer (f)	herenslip (de)	['herən·slip]
calcinha (f)	slipjes	['slipjes]
camiseta (f)	onderhemd (het)	['ɔndərhɛmt]
meias (f pl)	sokken	['sɔkən]
camisola (f)	nachthemd (het)	['naxthɛmt]
sutiã (m)	beha (de)	[be'ha]
meias longas (f pl)	kniekousen	[kni·'kausən]
meias-calças (f pl)	panty (de)	['pɛnti]
meias (~ de nylon)	nylonkousen	['nɛjlɔn·'kausən]
maiô (m)	badpak (het)	['bad·pak]

35. Adereços de cabeça

chapéu (m), touca (f)	hoed (de)	[hut]
chapéu (m) de feltro	deukhoed (de)	['døkhut]
boné (m) de beisebol	honkbalpet (de)	['hɔnkbal·'pɛt]
boina (~ italiana)	kleppet (de)	['klɛpɛt]
boina (ex. ~ basca)	baret (de)	[ba'rɛt]
capuz (m)	kap (de)	[kap]
chapéu panamá (m)	panamahoed (de)	[pa'nama·hut]
touca (f)	gebreide muts (de)	[xəb'rɛjdə mʉts]
lenço (m)	hoofddoek (de)	['hõftduk]
chapéu (m) feminino	dameshoed (de)	['daməs·hut]
capacete (m) de proteção	veiligheidshelm (de)	['vɛjləxhɛjts·hɛlm]
bibico (m)	veldmuts (de)	['vɛlt·mʉts]
capacete (m)	helm, valhelm (de)	[hɛlm], ['valhɛlm]
chapéu-coco (m)	bolhoed (de)	['bɔlhut]
cartola (f)	hoge hoed (de)	['hɔxə hut]

36. Calçado

calçado (m)	schoeisel (het)	['sxuisəl]
botinas (f pl), sapatos (m pl)	schoenen	['sxunən]
sapatos (de salto alto, etc.)	vrouwenschoenen	['vrauwən·'sxunən]
botas (f pl)	laarzen	['lārzən]
pantufas (f pl)	pantoffels	[pan'tɔfəls]
tênis (~ Nike, etc.)	sportschoenen	['spɔrt·'sxunən]
tênis (~ Converse)	sneakers	['snikərs]
sandálias (f pl)	sandalen	[san'dalən]
sapateiro (m)	schoenlapper (de)	['sxun·'lapər]
salto (m)	hiel (de)	[hil]

par (m)	paar (het)	[pãr]
cadarço (m)	veter (de)	['vetər]
amarrar os cadarços	rijgen	['rɛjxən]
calçadeira (f)	schoenlepel (de)	['sxun·'lepəl]
graxa (f) para calçado	schoensmeer (de/het)	['sxun·smẽr]

37. Acessórios pessoais

luva (f)	handschoenen	['xand 'sxunən]
mitenes (f pl)	wanten	['wantən]
cachecol (m)	sjaal (de)	[çãl]

óculos (m pl)	bril (de)	[bril]
armação (f)	brilmontuur (het)	[bril·mɔn'tūr]
guarda-chuva (m)	paraplu (de)	[parap'lʉ]
bengala (f)	wandelstok (de)	['wandəl·stɔk]
escova (f) para o cabelo	haarborstel (de)	[hãr·'bɔrstəl]
leque (m)	waaier (de)	['wãjər]

gravata (f)	das (de)	[das]
gravata-borboleta (f)	strikje (het)	['strikjə]
suspensórios (m pl)	bretels	[brə'tɛls]
lenço (m)	zakdoek (de)	['zagduk]

pente (m)	kam (de)	[kam]
fivela (f) para cabelo	haarspeldje (het)	[hãr·'spɛldjə]
grampo (m)	schuifspeldje (het)	['sxœyf·'spɛldjə]
fivela (f)	gesp (de)	[xɛsp]

| cinto (m) | broekriem (de) | ['bruk·rim] |
| alça (f) de ombro | draagriem (de) | ['drãx·rim] |

bolsa (f)	handtas (de)	['hand·tas]
bolsa (feminina)	damestas (de)	['daməs·tas]
mochila (f)	rugzak (de)	['rʉxzak]

38. Vestuário. Diversos

moda (f)	mode (de)	['mɔdə]
na moda (adj)	de mode	[də 'mɔdə]
estilista (m)	kledingstilist (de)	['kledɪŋ·sti'list]

colarinho (m)	kraag (de)	[krãx]
bolso (m)	zak (de)	[zak]
de bolso	zak-	[zak]
manga (f)	mouw (de)	['mau]
ganchinho (m)	lusje (het)	['lʉçə]
bragueta (f)	gulp (de)	[xjulp]

zíper (m)	rits (de)	[rits]
colchete (m)	sluiting (de)	['slœytɪŋ]
botão (m)	knoop (de)	[knõp]

| botoeira (casa de botão) | knoopsgat (het) | ['knõps·xat] |
| soltar-se (vr) | losraken | [lɔs'rakən] |

costurar (vi)	naaien	['nājən]
bordar (vt)	borduren	[bɔr'dʉrən]
bordado (m)	borduursel (het)	[bɔr'dʉrsəl]
agulha (f)	naald (de)	[nãlt]
fio, linha (f)	draad (de)	[drãt]
costura (f)	naad (de)	[nãt]

sujar-se (vr)	vies worden	[vis 'wɔrdən]
mancha (f)	vlek (de)	[vlɛk]
amarrotar-se (vr)	gekreukt raken	[xə'krøkt 'rakən]
rasgar (vt)	scheuren	['sxørən]
traça (f)	mot (de)	[mɔt]

39. Cuidados pessoais. Cosméticos

pasta (f) de dente	tandpasta (de)	['tand·pasta]
escova (f) de dente	tandenborstel (de)	['tandən·'bɔrstəl]
escovar os dentes	tanden poetsen	['tandən 'putsən]

gilete (f)	scheermes (het)	['sxẽr·mɛs]
creme (m) de barbear	scheerschuim (het)	[sxẽr·sxœym]
barbear-se (vr)	zich scheren	[zix 'sxerən]

| sabonete (m) | zeep (de) | [zẽp] |
| xampu (m) | shampoo (de) | ['ʃʌmpõ] |

tesoura (f)	schaar (de)	[sxãr]
lixa (f) de unhas	nagelvijl (de)	['naxəl·vɛjl]
corta-unhas (m)	nagelknipper (de)	['naxəl·'knipər]
pinça (f)	pincet (het)	[pin'sɛt]

cosméticos (m pl)	cosmetica (mv.)	[kɔs'metika]
máscara (f)	masker (het)	['maskər]
manicure (f)	manicure (de)	[mani'kʉrə]
fazer as unhas	manicure doen	[mani'kʉrə dun]
pedicure (f)	pedicure (de)	[pedi'kʉrə]

bolsa (f) de maquiagem	cosmetica tasje (het)	[kɔs'metika 'taçə]
pó (de arroz)	poeder (de/het)	['pudər]
pó (m) compacto	poederdoos (de)	['pudər·dõs]
blush (m)	rouge (de)	['ruʒə]

perfume (m)	parfum (de/het)	[par'fʉm]
água-de-colônia (f)	eau de toilet (de)	[ɔ də tua'lɛt]
loção (f)	lotion (de)	[lɔt'ʃɔn]
colônia (f)	eau de cologne (de)	[ɔ də kɔ'lɔnjə]

sombra (f) de olhos	oogschaduw (de)	['õx·sxadʉw]
delineador (m)	oogpotlood (het)	['õx·'pɔtlɔt]
máscara (f), rímel (m)	mascara (de)	[mas'kara]
batom (m)	lippenstift (de)	['lipən·stift]

esmalte (m)	nagellak (de)	['naxəl·lak]
laquê (m), spray fixador (m)	haarlak (de)	['hār·lak]
desodorante (m)	deodorant (de)	[deɔdɔ'rant]

creme (m)	crème (de)	[krɛ:m]
creme (m) de rosto	gezichtscrème (de)	[xə'zihts·krɛ:m]
creme (m) de mãos	handcrème (de)	[hant·krɛ:m]
creme (m) antirrugas	antirimpelcrème (de)	[anti'rimpəl·krɛ:m]
creme (m) de dia	dagcrème (de)	['dax·krɛ:m]
creme (m) de noite	nachtcrème (de)	['naxt·krɛ:m]
de dia	dag-	[dax]
da noite	nacht-	[naxt]

absorvente (m) interno	tampon (de)	[tam'pɔn]
papel (m) higiênico	toiletpapier (het)	[tua'lɛt·pa'pir]
secador (m) de cabelo	föhn (de)	['føn]

40. Relógios de pulso. Relógios

relógio (m) de pulso	polshorloge (het)	['pɔls·hɔr'lɔʒə]
mostrador (m)	wijzerplaat (de)	['wɛjzər·plāt]
ponteiro (m)	wijzer (de)	['wɛjzər]
bracelete (em aço)	metalen horlogeband (de)	[me'talən hɔr'lɔʒə·bant]
bracelete (em couro)	horlogebandje (het)	[hɔr'lɔʒə·'bandjə]

pilha (f)	batterij (de)	[batə'rɛj]
acabar (vi)	leeg zijn	[lēx zɛjn]
trocar a pilha	batterij vervangen	[batə'rɛj vər'vaŋən]
estar adiantado	voorlopen	['vōrlɔpən]
estar atrasado	achterlopen	['axtərlɔpən]

relógio (m) de parede	wandklok (de)	['want·klɔk]
ampulheta (f)	zandloper (de)	['zant·lɔpər]
relógio (m) de sol	zonnewijzer (de)	['zɔnə·wɛjzər]
despertador (m)	wekker (de)	['wɛkər]
relojoeiro (m)	horlogemaker (de)	[hɔr'lɔʒə·'makər]
reparar (vt)	repareren	[repa'rerən]

EXPERIÊNCIA DO QUOTIDIANO

41. Dinheiro

dinheiro (m)	geld (het)	[xɛlt]
câmbio (m)	ruil (de)	[rœʏl]
taxa (f) de câmbio	koers (de)	[kurs]
caixa (m) eletrônico	geldautomaat (de)	[xɛlt·autɔ'māt]
moeda (f)	muntstuk (de)	['mʉntstʉk]
dólar (m)	dollar (de)	['dɔlar]
euro (m)	euro (de)	[ørɔ]
lira (f)	lire (de)	['lirə]
marco (m)	Duitse mark (de)	['dœʏtsə mark]
franco (m)	frank (de)	[frank]
libra (f) esterlina	pond sterling (het)	[pɔnt 'stɛrliŋ]
iene (m)	yen (de)	[jen]
dívida (f)	schuld (de)	[sxʉlt]
devedor (m)	schuldenaar (de)	['sxʉldənār]
emprestar (vt)	uitlenen	['œʏtlənən]
pedir emprestado	lenen	['lenən]
banco (m)	bank (de)	[bank]
conta (f)	bankrekening (de)	[bank·'rekəniŋ]
depositar (vt)	storten	['stɔrtən]
depositar na conta	op rekening storten	[ɔp 'rekəniŋ 'stɔrtən]
sacar (vt)	opnemen	['ɔpnemən]
cartão (m) de crédito	kredietkaart (de)	[kre'dit·kārt]
dinheiro (m) vivo	baar geld (het)	[bār 'xɛlt]
cheque (m)	cheque (de)	[ʃɛk]
passar um cheque	een cheque uitschrijven	[en ʃɛk œʏt'sxrɛjvən]
talão (m) de cheques	chequeboekje (het)	[ʃɛk·'bukjə]
carteira (f)	portefeuille (de)	[pɔrtə'fœʏə]
niqueleira (f)	geldbeugel (de)	[xɛlt·'bøxəl]
cofre (m)	safe (de)	[sef]
herdeiro (m)	erfgenaam (de)	['ɛrfxənām]
herança (f)	erfenis (de)	['ɛrfənis]
fortuna (riqueza)	fortuin (het)	[fɔr'tœʏn]
arrendamento (m)	huur (de)	[hūr]
aluguel (pagar o ~)	huurprijs (de)	['hūr·prɛjs]
alugar (vt)	huren	['hʉrən]
preço (m)	prijs (de)	[prɛjs]
custo (m)	kostprijs (de)	['kɔstprɛjs]

soma (f)	som (de)	[sɔm]
gastar (vt)	uitgeven	['œytxevən]
gastos (m pl)	kosten	['kɔstən]
economizar (vi)	bezuinigen	[bə'zœynəxən]
econômico (adj)	zuinig	['zœynəx]

pagar (vt)	betalen	[bə'talən]
pagamento (m)	betaling (de)	[bə'taliŋ]
troco (m)	wisselgeld (het)	['wisəl·xɛlt]

imposto (m)	belasting (de)	[bə'lastiŋ]
multa (f)	boete (de)	['butə]
multar (vt)	beboeten	[bə'butən]

42. Correios. Serviço postal

agência (f) dos correios	postkantoor (het)	[pɔst·kan'tōr]
correio (m)	post (de)	[pɔst]
carteiro (m)	postbode (de)	['pɔst·bɔdə]
horário (m)	openingsuren	['ɔpəniŋs·ʉrən]

carta (f)	brief (de)	[brif]
carta (f) registada	aangetekende brief (de)	['ānxə'tekəndə brif]
cartão (m) postal	briefkaart (de)	['brif·kārt]
telegrama (m)	telegram (het)	[teləx'ram]
encomenda (f)	postpakket (het)	[pɔstpa'ket]
transferência (f) de dinheiro	overschrijving (de)	[ɔvər'sxrɛjviŋ]

receber (vt)	ontvangen	[ɔnt'faŋən]
enviar (vt)	sturen	['stʉrən]
envio (m)	verzending (de)	[vər'zɛndiŋ]
endereço (m)	adres (het)	[ad'rɛs]
código (m) postal	postcode (de)	['pɔst·kɔdə]
remetente (m)	verzender (de)	[vər'zɛndər]
destinatário (m)	ontvanger (de)	[ɔnt'faŋər]

nome (m)	naam (de)	[nām]
sobrenome (m)	achternaam (de)	['axtər·nām]
tarifa (f)	tarief (het)	[ta'rif]
ordinário (adj)	standaard	['standārt]
econômico (adj)	zuinig	['zœynəx]

peso (m)	gewicht (het)	[xə'wixt]
pesar (estabelecer o peso)	afwegen	['afwexən]
envelope (m)	envelop (de)	[ɛnve'lɔp]
selo (m) postal	postzegel (de)	['pɔst·zexəl]
colar o selo	een postzegel plakken op	[en pɔst'zexəl 'plakən ɔp]

43. Banca

| banco (m) | bank (de) | [bank] |
| balcão (f) | bankfiliaal (het) | [bank·fili'āl] |

consultor (m) bancário	bankbediende (de)	[bank·bə'dində]
gerente (m)	manager (de)	['mɛnədʒər]

conta (f)	bankrekening (de)	[bank·'rekəniŋ]
número (m) da conta	rekeningnummer (het)	['rekəniŋ·'nʉmər]
conta (f) corrente	lopende rekening (de)	['lɔpəndə 'rekəniŋ]
conta (f) poupança	spaarrekening (de)	['spār·'rekəniŋ]

abrir uma conta	een rekening openen	[en 'rekəniŋ 'ɔpənən]
fechar uma conta	de rekening sluiten	[də 'rekəniŋ slœytən]
depositar na conta	op rekening storten	[ɔp 'rekəniŋ 'stɔrtən]
sacar (vt)	opnemen	['ɔpnemən]

depósito (m)	storting (de)	['stɔrtiŋ]
fazer um depósito	een storting maken	[en 'stɔrtiŋ 'makən]
transferência (f) bancária	overschrijving (de)	[ɔvər'sxrɛjviŋ]
transferir (vt)	een overschrijving maken	[en ɔvər'sxrɛjviŋ 'makən]

soma (f)	som (de)	[sɔm]
Quanto?	Hoeveel?	[hu'vēl]

assinatura (f)	handtekening (de)	['hand·'tekəniŋ]
assinar (vt)	ondertekenen	['ɔndər'tekənən]

cartão (m) de crédito	kredietkaart (de)	[kre'dit·kārt]
senha (f)	code (de)	['kɔdə]
número (m) do cartão de crédito	kredietkaartnummer (het)	[kre'dit·kārt·'nʉmər]
caixa (m) eletrônico	geldautomaat (de)	[xɛlt·autɔ'māt]

cheque (m)	cheque (de)	[ʃɛk]
passar um cheque	een cheque uitschrijven	[en ʃɛk œyt'sxrɛjvən]
talão (m) de cheques	chequeboekje (het)	[ʃɛk·'bukjə]

empréstimo (m)	lening, krediet (de)	['leniŋ], [kre'dit]
pedir um empréstimo	een lening aanvragen	[en 'leniŋ 'ānvraxən]
obter empréstimo	een lening nemen	[en 'leniŋ 'nemən]
dar um empréstimo	een lening verlenen	[en 'leniŋ vər'lenən]
garantia (f)	garantie (de)	[xa'rantsi]

44. Telefone. Conversação telefônica

telefone (m)	telefoon (de)	[telə'fōn]
celular (m)	mobieltje (het)	[mɔ'biltʃe]
secretária (f) eletrônica	antwoordapparaat (het)	['antwōrt·apa'rāt]

fazer uma chamada	bellen	['belən]
chamada (f)	belletje (het)	['beletʃe]

discar um número	een nummer draaien	[en 'nʉmər 'drājən]
Alô!	Hallo!	[ha'lɔ]
perguntar (vt)	vragen	['vraxən]
responder (vt)	antwoorden	['antwōrdən]
ouvir (vt)	horen	['hɔrən]

bem	goed	[xut]
mal	slecht	[slɛxt]
ruído (m)	storingen	['stɔriŋən]

fone (m)	hoorn (de)	[hõrn]
pegar o telefone	opnemen	['ɔpnemən]
desligar (vi)	ophangen	['ɔphaŋən]

ocupado (adj)	bezet	[bə'zɛt]
tocar (vi)	overgaan	['ɔvərxān]
lista (f) telefônica	telefoonboek (het)	[telə'fõn·buk]

local (adj)	lokaal	[lɔ'kāl]
chamada (f) local	lokaal gesprek (het)	[lɔ'kāl xesp'rɛk]
de longa distância	interlokaal	[intərlɔ'kāl]
chamada (f) de longa distância	interlokaal gesprek (het)	[intərlɔ'kāl xe'sprɛk]
internacional (adj)	buitenlands	['bœytənlants]
chamada (f) internacional	buitenlands gesprek (het)	['bœytənlants xe'ʃprɛk]

45. Telefone móvel

celular (m)	mobieltje (het)	[mɔ'biltʃe]
tela (f)	scherm (het)	[sxɛrm]
botão (m)	toets, knop (de)	[tuts], [knɔp]
cartão SIM (m)	simkaart (de)	['sim·kārt]

bateria (f)	batterij (de)	[batə'rɛj]
descarregar-se (vr)	leeg zijn	[lēx zɛjn]
carregador (m)	acculader (de)	[akʉ'ladər]

menu (m)	menu (het)	[me'nʉ]
configurações (f pl)	instellingen	['instɛliŋən]
melodia (f)	melodie (de)	[melɔ'di]
escolher (vt)	selecteren	[selɛk'terən]

calculadora (f)	rekenmachine (de)	['rekən·ma'ʃinə]
correio (m) de voz	voicemail (de)	['vɔjs·mɛjl]
despertador (m)	wekker (de)	['wɛkər]
contatos (m pl)	contacten	[kɔn'taktən]

mensagem (f) de texto	SMS-bericht (het)	[ɛsɛ'mɛs-bə'rixt]
assinante (m)	abonnee (de)	[abɔ'nē]

46. Estacionário

caneta (f)	balpen (de)	['bal·pən]
caneta (f) tinteiro	vulpen (de)	['vʉl·pən]

lápis (m)	potlood (het)	['pɔtlõt]
marcador (m) de texto	marker (de)	['markər]
caneta (f) hidrográfica	viltstift (de)	['vilt·stift]

| bloco (m) de notas | notitieboekje (het) | [nɔ'titsi·'bukje] |
| agenda (f) | agenda (de) | [a'xɛnda] |

régua (f)	liniaal (de/het)	[lini'āl]
calculadora (f)	rekenmachine (de)	['rekən·ma'ʃinə]
borracha (f)	gom (de)	[xɔm]
alfinete (m)	punaise (de)	[pʉ'nɛzə]
clipe (m)	paperclip (de)	['pɛjpər·klip]

cola (f)	lijm (de)	[lɛjm]
grampeador (m)	nietmachine (de)	['nit·ma'ʃinə]
furador (m) de papel	perforator (de)	[perfɔ'ratɔr]
apontador (m)	potloodslijper (de)	['pɔtlōt·'slɛjpər]

47. Línguas estrangeiras

língua (f)	taal (de)	[tāl]
estrangeiro (adj)	vreemd	[vrēmt]
língua (f) estrangeira	vreemde taal (de)	['vrēmdə tāl]
estudar (vt)	leren	['lerən]
aprender (vt)	studeren	[stʉ'derən]

ler (vt)	lezen	['lezən]
falar (vi)	spreken	['sprekən]
entender (vt)	begrijpen	[bə'xrɛjpən]
escrever (vt)	schrijven	['sxrɛjvən]

rapidamente	snel	[snɛl]
devagar, lentamente	langzaam	['laŋzām]
fluentemente	vloeiend	['vlujənt]

regras (f pl)	regels	['rexəls]
gramática (f)	grammatica (de)	[xra'matika]
vocabulário (m)	vocabulaire (het)	[vɔkabʉ'lɛːr]
fonética (f)	fonetiek (de)	[fɔnɛ'tik]

livro (m) didático	leerboek (het)	['lēr·buk]
dicionário (m)	woordenboek (het)	['wōrdən·buk]
manual (m) autodidático	leerboek (het) voor zelfstudie	['lērbuk vōr 'zɛlfstʉdi]
guia (m) de conversação	taalgids (de)	['tāl·xits]

fita (f) cassete	cassette (de)	[ka'sɛtə]
videoteipe (m)	videocassette (de)	['video·ka'sɛtə]
CD (m)	CD (de)	[se'de]
DVD (m)	DVD (de)	[deve'de]

alfabeto (m)	alfabet (het)	['alfabət]
soletrar (vt)	spellen	['spɛlən]
pronúncia (f)	uitspraak (de)	['œytsprāk]

sotaque (m)	accent (het)	[ak'sɛnt]
com sotaque	met een accent	[mɛt ən ak'sɛnt]
sem sotaque	zonder accent	['zɔndər ak'sɛnt]

palavra (f)	woord (het)	[wõrt]
sentido (m)	betekenis (de)	[bə'tekənis]
curso (m)	cursus (de)	['kʉrzʉs]
inscrever-se (vr)	zich inschrijven	[zix 'insxrɛjvən]
professor (m)	leraar (de)	['lerãr]
tradução (processo)	vertaling (de)	[vər'taliŋ]
tradução (texto)	vertaling (de)	[vər'taliŋ]
tradutor (m)	vertaler (de)	[vər'talər]
intérprete (m)	tolk (de)	[tɔlk]
poliglota (m)	polyglot (de)	[pɔli'xlɔt]
memória (f)	geheugen (het)	[xə'høxən]

REFEIÇÕES. RESTAURANTE

48. Por a mesa

colher (f)	lepel (de)	['lepəl]
faca (f)	mes (het)	[mɛs]
garfo (m)	vork (de)	[vɔrk]

xícara (f)	kopje (het)	['kɔpjə]
prato (m)	bord (het)	[bɔrt]
pires (m)	schoteltje (het)	['sxɔteltʃə]
guardanapo (m)	servet (het)	[sɛr'vɛt]
palito (m)	tandenstoker (de)	['tandən·'stɔkər]

49. Restaurante

restaurante (m)	restaurant (het)	[rɛstɔ'rant]
cafeteria (f)	koffiehuis (het)	['kɔfi·hœys]
bar (m), cervejaria (f)	bar (de)	[bar]
salão (m) de chá	tearoom (de)	['ti·rõm]

garçom (m)	kelner, ober (de)	['kɛlnər], ['ɔbər]
garçonete (f)	serveerster (de)	[sɛr'vɛrstər]
barman (m)	barman (de)	['barman]

cardápio (m)	menu (het)	[me'nʉ]
lista (f) de vinhos	wijnkaart (de)	['wɛjn·kãrt]
reservar uma mesa	een tafel reserveren	[en 'tafəl rezər'verən]

prato (m)	gerecht (het)	[xe'rɛht]
pedir (vt)	bestellen	[bə'stɛlən]
fazer o pedido	een bestelling maken	[en bə'stɛliŋ 'makən]

aperitivo (m)	aperitief (de/het)	[aperi'tif]
entrada (f)	voorgerecht (het)	['võrxərɛht]
sobremesa (f)	dessert (het)	[dɛ'sɛ:r]

conta (f)	rekening (de)	['rekəniŋ]
pagar a conta	de rekening betalen	[də 'rekəniŋ bə'talən]
dar o troco	wisselgeld teruggeven	['wisəl·xɛlt tɛ'rʉxevən]
gorjeta (f)	fooi (de)	[fõj]

50. Refeições

comida (f)	eten (het)	['etən]
comer (vt)	eten	['etən]

55

café (m) da manhã	ontbijt (het)	[ɔn'bɛjt]
tomar café da manhã	ontbijten	[ɔn'bɛjtən]
almoço (m)	lunch (de)	['lʉnʃ]
almoçar (vi)	lunchen	['lʉnʃən]
jantar (m)	avondeten (het)	['avɔntetən]
jantar (vi)	souperen	[su'perən]

apetite (m)	eetlust (de)	['ētlʉst]
Bom apetite!	Eet smakelijk!	[ēt 'smakələk]

abrir (~ uma lata, etc.)	openen	['ɔpənən]
derramar (~ líquido)	morsen	['mɔrsən]
derramar-se (vr)	zijn gemorst	[zɛjn xɛ'mɔrst]

ferver (vi)	koken	['kɔkən]
ferver (vt)	koken	['kɔkən]
fervido (adj)	gekookt	[xə'kōkt]
esfriar (vt)	afkoelen	['afkulən]
esfriar-se (vr)	afkoelen	['afkulən]

sabor, gosto (m)	smaak (de)	[smāk]
fim (m) de boca	nasmaak (de)	['nasmāk]

emagrecer (vi)	volgen een dieet	['vɔlxə en di'ēt]
dieta (f)	dieet (het)	[di'ēt]
vitamina (f)	vitamine (de)	[vita'minə]
caloria (f)	calorie (de)	[kalɔ'ri]
vegetariano (m)	vegetariër (de)	[vəxɛ'tarier]
vegetariano (adj)	vegetarisch	[vəxɛ'taris]

gorduras (f pl)	vetten	['vɛtən]
proteínas (f pl)	eiwitten	['ɛjwitən]
carboidratos (m pl)	koolhydraten	[kōlhi'dratən]
fatia (~ de limão, etc.)	snede (de)	['snedə]
pedaço (~ de bolo)	stuk (het)	[stʉk]
migalha (f), farelo (m)	kruimel (de)	['krœymel]

51. Pratos cozinhados

prato (m)	gerecht (het)	[xe'rɛht]
cozinha (~ portuguesa)	keuken (de)	['køkən]
receita (f)	recept (het)	[re'sɛpt]
porção (f)	portie (de)	['pɔrsi]

salada (f)	salade (de)	[sa'ladə]
sopa (f)	soep (de)	[sup]

caldo (m)	bouillon (de)	[bu'jon]
sanduíche (m)	boterham (de)	['botərham]
ovos (m pl) fritos	spiegelei (het)	['spixəl·ɛj]

hambúrguer (m)	hamburger (de)	['hambʉrxər]
bife (m)	biefstuk (de)	['bifstʉk]
acompanhamento (m)	garnering (de)	[xar'neriŋ]

espaguete (m)	spaghetti (de)	[spa'xeti]
purê (m) de batata	aardappelpuree (de)	['ārdapəl·pu'rē]
pizza (f)	pizza (de)	['pitsa]
mingau (m)	pap (de)	[pap]
omelete (f)	omelet (de)	[ɔmə'lɛt]

fervido (adj)	gekookt	[xə'kōkt]
defumado (adj)	gerookt	[xə'rōkt]
frito (adj)	gebakken	[xə'bakən]
seco (adj)	gedroogd	[xə'drōxt]
congelado (adj)	diepvries	['dip·vris]
em conserva (adj)	gemarineerd	[xəmari'nērt]

doce (adj)	zoet	[zut]
salgado (adj)	gezouten	[xə'zautən]
frio (adj)	koud	['kaut]
quente (adj)	heet	[hēt]
amargo (adj)	bitter	['bitər]
gostoso (adj)	lekker	['lɛkər]

cozinhar em água fervente	koken	['kɔkən]
preparar (vt)	bereiden	[bə'rɛjdən]
fritar (vt)	bakken	['bakən]
aquecer (vt)	opwarmen	['ɔpwarmən]

salgar (vt)	zouten	['zautən]
apimentar (vt)	peperen	['pepərən]
ralar (vt)	raspen	['raspən]
casca (f)	schil (de)	[sxil]
descascar (vt)	schillen	['sxilən]

52. Comida

carne (f)	vlees (het)	[vlēs]
galinha (f)	kip (de)	[kip]
frango (m)	kuiken (het)	['kœʏkən]
pato (m)	eend (de)	[ēnt]
ganso (m)	gans (de)	[xans]
caça (f)	wild (het)	[wilt]
peru (m)	kalkoen (de)	[kal'kun]

carne (f) de porco	varkensvlees (het)	['varkəns·vlēs]
carne (f) de vitela	kalfsvlees (het)	['kalfs·vlēs]
carne (f) de carneiro	schapenvlees (het)	['sxapən·vlēs]
carne (f) de vaca	rundvlees (het)	['runt·vlēs]
carne (f) de coelho	konijnenvlees (het)	[kɔ'nɛjnən·vlēs]

linguiça (f), salsichão (m)	worst (de)	[wɔrst]
salsicha (f)	saucijs (de)	['sɔsɛjs]
bacon (m)	spek (het)	[spɛk]
presunto (m)	ham (de)	[ham]
pernil (m) de porco	gerookte achterham (de)	[xə'rōktə 'ahtərham]
patê (m)	paté (de)	[pa'tɛ]
fígado (m)	lever (de)	['levər]

| guisado (m) | gehakt (het) | [xə'hakt] |
| língua (f) | tong (de) | [tɔŋ] |

ovo (m)	ei (het)	[ɛj]
ovos (m pl)	eieren	['ɛjerən]
clara (f) de ovo	eiwit (het)	['ɛjwit]
gema (f) de ovo	eigeel (het)	['ɛjxēl]

peixe (m)	vis (de)	[vis]
mariscos (m pl)	zeevruchten	[zē·'vruxtən]
crustáceos (m pl)	schaaldieren	['sxal·dīrən]
caviar (m)	kaviaar (de)	[ka'vjār]

caranguejo (m)	krab (de)	[krab]
camarão (m)	garnaal (de)	[xar'nāl]
ostra (f)	oester (de)	['ustər]
lagosta (f)	langoest (de)	[lan'xust]
polvo (m)	octopus (de)	['ɔktɔpʉs]
lula (f)	inktvis (de)	['inktvis]

esturjão (m)	steur (de)	['stør]
salmão (m)	zalm (de)	[zalm]
halibute (m)	heilbot (de)	['hɛjlbɔt]

bacalhau (m)	kabeljauw (de)	[kabə'ljau]
cavala, sarda (f)	makreel (de)	[ma'krēl]
atum (m)	tonijn (de)	[tɔ'nɛjn]
enguia (f)	paling (de)	[pa'liŋ]

truta (f)	forel (de)	[fɔ'rɛl]
sardinha (f)	sardine (de)	[sar'dinə]
lúcio (m)	snoek (de)	[snuk]
arenque (m)	haring (de)	['hariŋ]

pão (m)	brood (het)	[brõt]
queijo (m)	kaas (de)	[kās]
açúcar (m)	suiker (de)	[sœʏkər]
sal (m)	zout (het)	['zaut]

arroz (m)	rijst (de)	[rɛjst]
massas (f pl)	pasta (de)	['pasta]
talharim, miojo (m)	noedels	['nudɛls]

manteiga (f)	boter (de)	['bɔtər]
óleo (m) vegetal	plantaardige olie (de)	[plant'ārdixə 'ɔli]
óleo (m) de girassol	zonnebloemolie (de)	['zɔnəblum·'ɔli]
margarina (f)	margarine (de)	[marxa'rinə]

| azeitonas (f pl) | olijven | [ɔ'lɛjvən] |
| azeite (m) | olijfolie (de) | [ɔ'lɛjf·'ɔli] |

leite (m)	melk (de)	[mɛlk]
leite (m) condensado	gecondenseerde melk (de)	[xəkɔnsən'sērdə mɛlk]
iogurte (m)	yoghurt (de)	['jogʉrt]
creme (m) azedo	zure room (de)	['zʉrə rõm]
creme (m) de leite	room (de)	[rõm]

maionese (f)	mayonaise (de)	[majo'nɛzə]
creme (m)	crème (de)	[krɛ:m]

grãos (m pl) de cereais	graan (het)	[xrān]
farinha (f)	meel (het), bloem (de)	[mēl], [blum]
enlatados (m pl)	conserven	[kɔn'sɛrvən]

flocos (m pl) de milho	maïsvlokken	[majs·'vlɔkən]
mel (m)	honing (de)	['hɔniŋ]
geleia (m)	jam (de)	[ʃɛm]
chiclete (m)	kauwgom (de)	['kauxɔm]

53. Bebidas

água (f)	water (het)	['watər]
água (f) potável	drinkwater (het)	['drink·'watər]
água (f) mineral	mineraalwater (het)	[minə'rāl·'watər]

sem gás (adj)	zonder gas	['zɔndər xas]
gaseificada (adj)	koolzuurhoudend	[kōlzūr·'haudənt]
com gás	bruisend	['brœysənt]
gelo (m)	ijs (het)	[ɛjs]
com gelo	met ijs	[mɛt ɛjs]

não alcoólico (adj)	alcohol vrij	['alkɔhɔl vrɛj]
refrigerante (m)	alcohol vrije drank (de)	['alkɔhɔl 'vrɛjə drank]
refresco (m)	frisdrank (de)	['fris·drank]
limonada (f)	limonade (de)	[limɔ'nadə]

bebidas (f pl) alcoólicas	alcoholische dranken	[alkɔ'hɔlisə 'drankən]
vinho (m)	wijn (de)	[wɛjn]
vinho (m) branco	witte wijn (de)	['witə wɛjn]
vinho (m) tinto	rode wijn (de)	['rɔdə wɛjn]

licor (m)	likeur (de)	[li'kør]
champanhe (m)	champagne (de)	[ʃʌm'panjə]
vermute (m)	vermout (de)	['vɛrmut]

uísque (m)	whisky (de)	['wiski]
vodca (f)	wodka (de)	['wɔdka]
gim (m)	gin (de)	[dʒin]
conhaque (m)	cognac (de)	[kɔ'njak]
rum (m)	rum (de)	[rʉm]

café (m)	koffie (de)	['kɔfi]
café (m) preto	zwarte koffie (de)	['zwartə 'kɔfi]
café (m) com leite	koffie (de) met melk	['kɔfi mɛt mɛlk]
cappuccino (m)	cappuccino (de)	[kapu'tʃinɔ]
café (m) solúvel	oploskoffie (de)	['ɔplɔs·'kɔfi]

leite (m)	melk (de)	[mɛlk]
coquetel (m)	cocktail (de)	['kɔktəl]
batida (f), milkshake (m)	milkshake (de)	['milk·ʃɛjk]
suco (m)	sap (het)	[sap]

suco (m) de tomate	tomatensap (het)	[tɔ'matən·sap]
suco (m) de laranja	sinaasappelsap (het)	['sinãsapəl·sap]
suco (m) fresco	vers geperst sap (het)	[vɛrs xə'pɛrst sap]
cerveja (f)	bier (het)	[bir]
cerveja (f) clara	licht bier (het)	[lixt bir]
cerveja (f) preta	donker bier (het)	['dɔnkər bir]
chá (m)	thee (de)	[tē]
chá (m) preto	zwarte thee (de)	['zwartə tē]
chá (m) verde	groene thee (de)	['xrunə tē]

54. Vegetais

vegetais (m pl)	groenten	['xruntən]
verdura (f)	verse kruiden	['vɛrsə 'krœydən]
tomate (m)	tomaat (de)	[tɔ'māt]
pepino (m)	augurk (de)	[au'xʉrk]
cenoura (f)	wortel (de)	['wɔrtəl]
batata (f)	aardappel (de)	['ārd·apəl]
cebola (f)	ui (de)	['œy]
alho (m)	knoflook (de)	['knõflɔk]
couve (f)	kool (de)	[kōl]
couve-flor (f)	bloemkool (de)	['blum·kōl]
couve-de-bruxelas (f)	spruitkool (de)	['sprœyt·kōl]
brócolis (m pl)	broccoli (de)	['brɔkɔli]
beterraba (f)	rode biet (de)	['rɔdə bit]
berinjela (f)	aubergine (de)	[ɔbɛr'ʒinə]
abobrinha (f)	courgette (de)	[kur'ʒɛt]
abóbora (f)	pompoen (de)	[pɔm'pun]
nabo (m)	raap (de)	[rāp]
salsa (f)	peterselie (de)	[petər'sɛli]
endro, aneto (m)	dille (de)	['dilə]
alface (f)	sla (de)	[sla]
aipo (m)	selderij (de)	['sɛldɛrɛj]
aspargo (m)	asperge (de)	[as'pɛrʒə]
espinafre (m)	spinazie (de)	[spi'nazi]
ervilha (f)	erwt (de)	[ɛrt]
feijão (~ soja, etc.)	bonen	['bɔnən]
milho (m)	maïs (de)	[majs]
feijão (m) roxo	nierboon (de)	['nir·bõn]
pimentão (m)	peper (de)	['pepər]
rabanete (m)	radijs (de)	[ra'dɛjs]
alcachofra (f)	artisjok (de)	[arti'çɔk]

55. Frutos. Nozes

fruta (f)	vrucht (de)	[vrʉxt]
maçã (f)	appel (de)	['apəl]
pera (f)	peer (de)	[pĕr]
limão (m)	citroen (de)	[si'trun]
laranja (f)	sinaasappel (de)	['sinãsapəl]
morango (m)	aardbei (de)	['ãrd·bɛj]
tangerina (f)	mandarijn (de)	[manda'rɛjn]
ameixa (f)	pruim (de)	['prœʏm]
pêssego (m)	perzik (de)	['pɛrzik]
damasco (m)	abrikoos (de)	[abri'kõs]
framboesa (f)	framboos (de)	[fram'bõs]
abacaxi (m)	ananas (de)	['ananas]
banana (f)	banaan (de)	[ba'nãn]
melancia (f)	watermeloen (de)	['watərmɛ'lun]
uva (f)	druif (de)	[drœʏf]
ginja (f)	zure kers (de)	['zʉrə kɛrs]
cereja (f)	zoete kers (de)	['zutə kɛrs]
melão (m)	meloen (de)	[mə'lun]
toranja (f)	grapefruit (de)	['grepfrut]
abacate (m)	avocado (de)	[avɔ'kadɔ]
mamão (m)	papaja (de)	[pa'paja]
manga (f)	mango (de)	['mangɔ]
romã (f)	granaatappel (de)	[xra'nãt·'apəl]
groselha (f) vermelha	rode bes (de)	['rɔdə bɛs]
groselha (f) negra	zwarte bes (de)	['zwartə bɛs]
groselha (f) espinhosa	kruisbes (de)	['krœʏsbɛs]
mirtilo (m)	blauwe bosbes (de)	['blauə 'bɔsbɛs]
amora (f) silvestre	braambes (de)	['brãmbɛs]
passa (f)	rozijn (de)	[rɔ'zɛjn]
figo (m)	vijg (de)	[vɛjx]
tâmara (f)	dadel (de)	['dadəl]
amendoim (m)	pinda (de)	['pinda]
amêndoa (f)	amandel (de)	[a'mandəl]
noz (f)	walnoot (de)	['walnõt]
avelã (f)	hazelnoot (de)	['hazəl·nõt]
coco (m)	kokosnoot (de)	['kɔkɔs·nõt]
pistaches (m pl)	pistaches	[pi'staʃəs]

56. Pão. Bolaria

pastelaria (f)	suikerbakkerij (de)	[sœʏkər bakə'rɛj]
pão (m)	brood (het)	[brõt]
biscoito (m), bolacha (f)	koekje (het)	['kukjə]
chocolate (m)	chocolade (de)	[ʃɔkɔ'ladə]
de chocolate	chocolade-	[ʃɔkɔ'ladə]

bala (f)	snoepje (het)	['snupjə]
doce (bolo pequeno)	cakeje (het)	['kejkjə]
bolo (m) de aniversário	taart (de)	[tãrt]

| torta (f) | pastei (de) | [pas'tɛj] |
| recheio (m) | vulling (de) | ['vʉliŋ] |

geleia (m)	confituur (de)	[kɔnfi'tūr]
marmelada (f)	marmelade (de)	[marmə'ladə]
wafers (m pl)	wafel (de)	['wafəl]
sorvete (m)	ijsje (het)	['ɛisjə], ['ɛiʃə]
pudim (m)	pudding (de)	['pʉdiŋ]

57. Especiarias

sal (m)	zout (het)	['zaut]
salgado (adj)	gezouten	[xə'zautən]
salgar (vt)	zouten	['zautən]

pimenta-do-reino (f)	zwarte peper (de)	['zwartə 'pepər]
pimenta (f) vermelha	rode peper (de)	['rɔdə 'pepər]
mostarda (f)	mosterd (de)	['mɔstərt]
raiz-forte (f)	mierikswortel (de)	['miriks·'wɔrtəl]

condimento (m)	condiment (het)	[kɔndi'mɛnt]
especiaria (f)	specerij , kruiderij (de)	[spesə'rɛj], [krœʏdə'rɛj]
molho (~ inglês)	saus (de)	['saus]
vinagre (m)	azijn (de)	[a'zɛjn]

anis estrelado (m)	anijs (de)	[a'nɛjs]
manjericão (m)	basilicum (de)	[ba'silikəm]
cravo (m)	kruidnagel (de)	['krœʏtnaxəl]
gengibre (m)	gember (de)	['xɛmbər]
coentro (m)	koriander (de)	[kɔri'andər]
canela (f)	kaneel (de/het)	[ka'nēl]

gergelim (m)	sesamzaad (het)	['sɛzam·zãt]
folha (f) de louro	laurierblad (het)	[lau'rir·blat]
páprica (f)	paprika (de)	['paprika]
cominho (m)	komijn (de)	[kɔ'mɛjn]
açafrão (m)	saffraan (de)	[saf'rãn]

INFORMAÇÃO PESSOAL. FAMÍLIA

58. Informação pessoal. Formulários

nome (m)	naam (de)	[nãm]
sobrenome (m)	achternaam (de)	['axtər·nãm]
data (f) de nascimento	geboortedatum (de)	[xə'bōrtə·datʉm]
local (m) de nascimento	geboorteplaats (de)	[xə'bōrtə·plāts]
nacionalidade (f)	nationaliteit (de)	[natsjɔnali'tɛjt]
lugar (m) de residência	woonplaats (de)	['wōm·plāts]
país (m)	land (het)	[lant]
profissão (f)	beroep (het)	[bə'rup]
sexo (m)	geslacht (het)	[xə'slaht]
estatura (f)	lengte (de)	['lɛŋtə]
peso (m)	gewicht (het)	[xə'wixt]

59. Membros da família. Parentes

mãe (f)	moeder (de)	['mudər]
pai (m)	vader (de)	['vadər]
filho (m)	zoon (de)	[zōn]
filha (f)	dochter (de)	['dɔxtər]
caçula (f)	jongste dochter (de)	['jɔŋstə 'dɔxtər]
caçula (m)	jongste zoon (de)	['jɔŋstə zōn]
filha (f) mais velha	oudste dochter (de)	['audstə 'dɔxtər]
filho (m) mais velho	oudste zoon (de)	['audstə zōn]
irmão (m)	broer (de)	[brur]
irmão (m) mais velho	oudere broer (de)	['audərə brur]
irmão (m) mais novo	jongere broer (de)	['jɔŋərə brur]
irmã (f)	zuster (de)	['zʉstər]
irmã (f) mais velha	oudere zuster (de)	['audərə 'zʉstər]
irmã (f) mais nova	jongere zuster (de)	['jɔŋərə 'zʉstər]
primo (m)	neef (de)	[nēf]
prima (f)	nicht (de)	[nixt]
mamãe (f)	mama (de)	['mama]
papai (m)	papa (de)	['papa]
pais (pl)	ouders	['audərs]
criança (f)	kind (het)	[kint]
crianças (f pl)	kinderen	['kindərən]
avó (f)	oma (de)	['ɔma]
avô (m)	opa (de)	['ɔpa]
neto (m)	kleinzoon (de)	[klɛjn·zōn]

63

| neta (f) | kleindochter (de) | [klɛjn·'dɔxtər] |
| netos (pl) | kleinkinderen | [klɛjn·'kinderən] |

tio (m)	oom (de)	[õm]
tia (f)	tante (de)	['tantə]
sobrinho (m)	neef (de)	[nẽf]
sobrinha (f)	nicht (de)	[nixt]

sogra (f)	schoonmoeder (de)	['sxõn·mudər]
sogro (m)	schoonvader (de)	['sxõn·vadər]
genro (m)	schoonzoon (de)	['sxõn·zõn]
madrasta (f)	stiefmoeder (de)	['stif·mudər]
padrasto (m)	stiefvader (de)	['stif·vadər]

criança (f) de colo	zuigeling (de)	['zœyxəliŋ]
bebê (m)	wiegenkind (het)	['wixən·kint]
menino (m)	kleuter (de)	['kløtər]

mulher (f)	vrouw (de)	['vrau]
marido (m)	man (de)	[man]
esposo (m)	echtgenoot (de)	['ɛhtxənõt]
esposa (f)	echtgenote (de)	['ɛhtxənɔtə]

casado (adj)	gehuwd	[xə'hʉwt]
casada (adj)	gehuwd	[xə'hʉwt]
solteiro (adj)	ongehuwd	[ɔnhə'hʉwt]
solteirão (m)	vrijgezel (de)	[vrɛjxə'zɛl]
divorciado (adj)	gescheiden	[xə'sxɛjdən]
viúva (f)	weduwe (de)	['wedʉwə]
viúvo (m)	weduwnaar (de)	['wedʉwnãr]

parente (m)	familielid (het)	[fa'mililit]
parente (m) próximo	dichte familielid (het)	['dixtə fa'mililit]
parente (m) distante	verre familielid (het)	['vɛrə fa'mililit]
parentes (m pl)	familieleden	[fa'mili'ledən]

órfão (m), órfã (f)	wees (de), weeskind (het)	[wẽs], ['wẽskint]
tutor (m)	voogd (de)	[võxt]
adotar (um filho)	adopteren	[adɔp'terən]
adotar (uma filha)	adopteren	[adɔp'terən]

60. Amigos. Colegas de trabalho

amigo (m)	vriend (de)	[vrint]
amiga (f)	vriendin (de)	[vrin'din]
amizade (f)	vriendschap (de)	['vrintsxap]
ser amigos	bevriend zijn	[bə'vrint zɛjn]

amigo (m)	makker (de)	['makər]
amiga (f)	vriendin (de)	[vrin'din]
parceiro (m)	partner (de)	['partnər]

| chefe (m) | chef (de) | [ʃɛf] |
| superior (m) | baas (de) | [bãs] |

proprietário (m)	eigenaar (de)	['ɛjxənār]
subordinado (m)	ondergeschikte (de)	['ɔndərxə'sxiktə]
colega (m, f)	collega (de)	[kɔ'lexa]
conhecido (m)	kennis (de)	['kɛnis]
companheiro (m) de viagem	medereiziger (de)	['medə·'rɛjzixər]
colega (m) de classe	klasgenoot (de)	['klas·xənōt]
vizinho (m)	buurman (de)	['būrman]
vizinha (f)	buurvrouw (de)	['būrvrau]
vizinhos (pl)	buren	['bʉrən]

CORPO HUMANO. MEDICINA

61. Cabeça

cabeça (f)	hoofd (het)	[hõft]
rosto, cara (f)	gezicht (het)	[xə'ziht]
nariz (m)	neus (de)	['nøs]
boca (f)	mond (de)	[mɔnt]
olho (m)	oog (het)	[õx]
olhos (m pl)	ogen	['ɔxən]
pupila (f)	pupil (de)	[pu'pil]
sobrancelha (f)	wenkbrauw (de)	['wɛnk·brau]
cílio (f)	wimper (de)	['wimpər]
pálpebra (f)	ooglid (het)	['õx·lit]
língua (f)	tong (de)	[tɔŋ]
dente (m)	tand (de)	[tant]
lábios (m pl)	lippen	['lipən]
maçãs (f pl) do rosto	jukbeenderen	[juk'·bɛndərən]
gengiva (f)	tandvlees (het)	['tand·vlēs]
palato (m)	gehemelte (het)	[xə'heməltə]
narinas (f pl)	neusgaten	['nøsxatən]
queixo (m)	kin (de)	[kin]
mandíbula (f)	kaak (de)	[kãk]
bochecha (f)	wang (de)	[waŋ]
testa (f)	voorhoofd (het)	['võrhõft]
têmpora (f)	slaap (de)	[slãp]
orelha (f)	oor (het)	[õr]
costas (f pl) da cabeça	achterhoofd (het)	['axtər·hõft]
pescoço (m)	hals (de)	[hals]
garganta (f)	keel (de)	[kēl]
cabelo (m)	haren	['harən]
penteado (m)	kapsel (het)	['kapsəl]
corte (m) de cabelo	haarsnit (de)	['hãrsnit]
peruca (f)	pruik (de)	['prœyk]
bigode (m)	snor (de)	[snɔr]
barba (f)	baard (de)	[bãrt]
ter (~ barba, etc.)	dragen	['draxən]
trança (f)	vlecht (de)	[vlɛxt]
suíças (f pl)	bakkebaarden	[bakə'bãrtən]
ruivo (adj)	ros	[rɔs]
grisalho (adj)	grijs	[xrɛjs]
careca (adj)	kaal	[kãl]
calva (f)	kale plek (de)	['kalə plɛk]

| rabo-de-cavalo (m) | paardenstaart (de) | ['pārdən·stārt] |
| franja (f) | pony (de) | ['pɔni] |

62. Corpo humano

| mão (f) | hand (de) | [hant] |
| braço (m) | arm (de) | [arm] |

dedo (m)	vinger (de)	['viŋər]
dedo (m) do pé	teen (de)	[tēn]
polegar (m)	duim (de)	['dœym]
dedo (m) mindinho	pink (de)	[pink]
unha (f)	nagel (de)	['naxəl]

punho (m)	vuist (de)	['vœyst]
palma (f)	handpalm (de)	['hantpalm]
pulso (m)	pols (de)	[pɔls]
antebraço (m)	voorarm (de)	['vōrarm]
cotovelo (m)	elleboog (de)	['ɛləbōx]
ombro (m)	schouder (de)	['sxaudər]

perna (f)	been (het)	[bēn]
pé (m)	voet (de)	[vut]
joelho (m)	knie (de)	[kni]
panturrilha (f)	kuit (de)	['kœyt]
quadril (m)	heup (de)	['høp]
calcanhar (m)	hiel (de)	[hil]

corpo (m)	lichaam (het)	['lixām]
barriga (f), ventre (m)	buik (de)	['bœyk]
peito (m)	borst (de)	[bɔrst]
seio (m)	borst (de)	[bɔrst]
lado (m)	zijde (de)	['zɛjdə]
costas (dorso)	rug (de)	[rʉx]
região (f) lombar	lage rug (de)	[laxə rʉx]
cintura (f)	taille (de)	['tajə]

umbigo (m)	navel (de)	['navəl]
nádegas (f pl)	billen	['bilən]
traseiro (m)	achterwerk (het)	['axtərwɛrk]

sinal (m), pinta (f)	huidvlek (de)	['hœyt·vlɛk]
sinal (m) de nascença	moedervlek (de)	['mudər·vlɛk]
tatuagem (f)	tatoeage (de)	[tatu'aʒə]
cicatriz (f)	litteken (het)	['litekən]

63. Doenças

doença (f)	ziekte (de)	['ziktə]
estar doente	ziek zijn	[zik zɛjn]
saúde (f)	gezondheid (de)	[xə'zɔnthɛjt]
nariz (m) escorrendo	snotneus (de)	[snɔt'nøs]

amigdalite (f)	angina (de)	[an'xina]
resfriado (m)	verkoudheid (de)	[vər'kauthɛjt]
ficar resfriado	verkouden raken	[vər'kaudən 'rakən]

bronquite (f)	bronchitis (de)	[brɔn'xitis]
pneumonia (f)	longontsteking (de)	['lɔŋ·ɔntstekiŋ]
gripe (f)	griep (de)	[xrip]

míope (adj)	bijziend	[bɛj'zint]
presbita (adj)	verziend	['vɛrzint]
estrabismo (m)	scheelheid (de)	['sxēlxɛjt]
estrábico, vesgo (adj)	scheel	[sxēl]
catarata (f)	grauwe staar (de)	['xrauə stār]
glaucoma (m)	glaucoom (het)	[xlau'kōm]

AVC (m), apoplexia (f)	beroerte (de)	[bə'rurtə]
ataque (m) cardíaco	hartinfarct (het)	['hart·in'farkt]
enfarte (m) do miocárdio	myocardiaal infarct (het)	[miɔkardi'āl in'farkt]
paralisia (f)	verlamming (de)	[vər'lamiŋ]
paralisar (vt)	verlammen	[vər'lamən]

alergia (f)	allergie (de)	[alɛr'xi]
asma (f)	astma (de/het)	['astma]
diabetes (f)	diabetes (de)	[dia'betəs]

dor (f) de dente	tandpijn (de)	['tand·pɛjn]
cárie (f)	tandbederf (het)	['tand·bə'dɛrf]

diarreia (f)	diarree (de)	[dia'rē]
prisão (f) de ventre	constipatie (de)	[kɔnsti'patsi]
desarranjo (m) intestinal	maagstoornis (de)	['māx·stōrnis]
intoxicação (f) alimentar	voedselvergiftiging (de)	['vudsəl·vər'xiftəxiŋ]
intoxicar-se	voedselvergiftiging oplopen	['vudsəl·vər'xiftəxiŋ 'ɔplɔpən]

artrite (f)	artritis (de)	[ar'tritis]
raquitismo (m)	rachitis (de)	[ra'xitis]
reumatismo (m)	reuma (het)	['rəma]
arteriosclerose (f)	arteriosclerose (de)	[artɛriɔskle'rɔzə]

gastrite (f)	gastritis (de)	[xas'tritis]
apendicite (f)	blindedarmontsteking (de)	[blində'darm·ɔntstɛkiŋ]
colecistite (f)	galblaasontsteking (de)	['xalblaxāns·ɔnt'stɛkiŋ]
úlcera (f)	zweer (de)	[zwēr]

sarampo (m)	mazelen	['mazelən]
rubéola (f)	rodehond (de)	['rɔdəhɔnt]
icterícia (f)	geelzucht (de)	['xēlzuht]
hepatite (f)	leverontsteking (de)	['lever ɔnt'stekiŋ]

esquizofrenia (f)	schizofrenie (de)	[sxitsɔfrə'ni]
raiva (f)	dolheid (de)	['dɔlhɛjt]
neurose (f)	neurose (de)	['nə'rɔzə]
contusão (f) cerebral	hersenschudding (de)	['hɛrsən·sxjudiŋ]
câncer (m)	kanker (de)	['kankər]
esclerose (f)	sclerose (de)	[skle'rɔzə]

esclerose (f) múltipla	multiple sclerose (de)	['mʉltiplə skle'rɔzə]
alcoolismo (m)	alcoholisme (het)	[alkɔhɔ'lismə]
alcoólico (m)	alcoholicus (de)	[alkɔ'hɔlikʉs]
sífilis (f)	syfilis (de)	['sifilis]
AIDS (f)	AIDS (de)	[ets]
tumor (m)	tumor (de)	['tʉmɔr]
maligno (adj)	kwaadaardig	['kwāt·'ārdəx]
benigno (adj)	goedaardig	[xu'tārdəx]
febre (f)	koorts (de)	[kōrts]
malária (f)	malaria (de)	[ma'laria]
gangrena (f)	gangreen (het)	[xanx'rēn]
enjoo (m)	zeeziekte (de)	[zē·'ziktə]
epilepsia (f)	epilepsie (de)	[ɛpilɛp'si]
epidemia (f)	epidemie (de)	[ɛpidə'mi]
tifo (m)	tyfus (de)	['tifʉs]
tuberculose (f)	tuberculose (de)	[tʉbərkʉ'lɔzə]
cólera (f)	cholera (de)	['xɔlera]
peste (f) bubônica	pest (de)	[pɛst]

64. Sintomas. Tratamentos. Parte 1

sintoma (m)	symptoom (het)	[simp'tōm]
temperatura (f)	temperatuur (de)	[tɛmpəra'tūr]
febre (f)	verhoogde temperatuur (de)	[vər'hōxtə tɛmpəra'tūr]
pulso (m)	polsslag (de)	['pɔls·slax]
vertigem (f)	duizeling (de)	['dœʏzəliŋ]
quente (testa, etc.)	heet	[hēt]
calafrio (m)	koude rillingen	['kaudə 'riliŋən]
pálido (adj)	bleek	[blēk]
tosse (f)	hoest (de)	[hust]
tossir (vi)	hoesten	['hustən]
espirrar (vi)	niezen	['nizən]
desmaio (m)	flauwte (de)	['flautə]
desmaiar (vi)	flauwvallen	['flauvalən]
mancha (f) preta	blauwe plek (de)	['blauə plɛk]
galo (m)	buil (de)	['bœʏl]
machucar-se (vr)	zich stoten	[zix 'stɔtən]
contusão (f)	kneuzing (de)	['knøziŋ]
machucar-se (vr)	kneuzen	['knøzən]
mancar (vi)	hinken	['hinkən]
deslocamento (f)	verstuiking (de)	[vər'stœʏkiŋ]
deslocar (vt)	verstuiken	[vər'stœʏkən]
fratura (f)	breuk (de)	['brøk]
fraturar (vt)	een breuk oplopen	[en 'brøk 'ɔplɔpən]
corte (m)	snijwond (de)	['snɛj·wɔnt]
cortar-se (vr)	zich snijden	[zix snɛjdən]

hemorragia (f)	bloeding (de)	['bludiŋ]
queimadura (f)	brandwond (de)	['brant·wɔnt]
queimar-se (vr)	zich branden	[zix 'brandən]

picar (vt)	prikken	['prikən]
picar-se (vr)	zich prikken	[zix 'prikən]
lesionar (vt)	blesseren	[blɛ'serən]
lesão (m)	blessure (de)	[blɛ'sʉrə]
ferida (f), ferimento (m)	wond (de)	[wɔnt]
trauma (m)	trauma (het)	['trauma]

delirar (vi)	ijlen	['ɛjlən]
gaguejar (vi)	stotteren	['stɔtɛrən]
insolação (f)	zonnesteek (de)	['zɔnə·stēk]

65. Sintomas. Tratamentos. Parte 2

dor (f)	pijn (de)	[pɛjn]
farpa (no dedo, etc.)	splinter (de)	['splintər]

suor (m)	zweet (het)	['zwēt]
suar (vi)	zweten	['zwetən]
vômito (m)	braking (de)	['brakiŋ]
convulsões (f pl)	stuiptrekkingen	['stœyp·'trɛkiŋən]

grávida (adj)	zwanger	['zwaŋər]
nascer (vi)	geboren worden	[xə'bɔrən 'wɔrdən]
parto (m)	geboorte (de)	[xə'bõrtə]
dar à luz	baren	['barən]
aborto (m)	abortus (de)	[a'bɔrtʉs]

respiração (f)	ademhaling (de)	['adəmhaliŋ]
inspiração (f)	inademing (de)	['inademiŋ]
expiração (f)	uitademing (de)	['œʏtademiŋ]
expirar (vi)	uitademen	['œʏtademən]
inspirar (vi)	inademen	['inademən]

inválido (m)	invalide (de)	[inva'lidə]
aleijado (m)	gehandicapte (de)	[hə'handikaptə]
drogado (m)	drugsverslaafde (de)	['drʉks·vər'slāfdə]

surdo (adj)	doof	[dõf]
mudo (adj)	stom	[stɔm]
surdo-mudo (adj)	doofstom	[dõf·'stɔm]

louco, insano (adj)	krankzinnig	[kraŋk'sinəx]
louco (m)	krankzinnige (de)	[kraŋk'sinəxə]
louca (f)	krankzinnige (de)	[kraŋk'sinəxə]
ficar louco	krankzinnig worden	[kraŋk'sinəx 'wɔrdən]

gene (m)	gen (het)	[xen]
imunidade (f)	immuniteit (de)	[imʉni'tɛjt]
hereditário (adj)	erfelijk	['ɛrfələk]
congênito (adj)	aangeboren	['ānxəborən]

vírus (m)	virus (het)	['virʉs]
micróbio (m)	microbe (de)	[mik'rɔbə]
bactéria (f)	bacterie (de)	[bak'teri]
infecção (f)	infectie (de)	[in'fɛksi]

66. Sintomas. Tratamentos. Parte 3

| hospital (m) | ziekenhuis (het) | ['zikən·hœys] |
| paciente (m) | patiënt (de) | [pasi'ent] |

diagnóstico (m)	diagnose (de)	[diax'nɔzə]
cura (f)	genezing (de)	[xə'nezin]
tratamento (m) médico	medische behandeling (de)	['mɛdisə bə'handəlin]
curar-se (vr)	onder behandeling zijn	['ɔndər bə'handəlin zɛjn]
tratar (vt)	behandelen	[bə'handələn]
cuidar (pessoa)	zorgen	['zɔrxən]
cuidado (m)	ziekenzorg (de)	['zikən·zɔrx]

operação (f)	operatie (de)	[ɔpe'ratsi]
enfaixar (vt)	verbinden	[vər'bindən]
enfaixamento (m)	verband (het)	[vər'bant]

vacinação (f)	vaccin (het)	[vaksən]
vacinar (vt)	inenten	['inɛntən]
injeção (f)	injectie (de)	[inj'eksi]
dar uma injeção	een injectie geven	[ɛn inj'eksi 'xɛvən]

ataque (~ de asma, etc.)	aanval (de)	['ãnval]
amputação (f)	amputatie (de)	[ampʉ'tatsi]
amputar (vt)	amputeren	[ampʉ'terən]
coma (f)	coma (het)	['kɔma]
estar em coma	in coma liggen	[in 'kɔma 'lixən]
reanimação (f)	intensieve zorg, ICU (de)	[intən'sivə zɔrx], [isɛ'ju]

recuperar-se (vr)	zich herstellen	[zix hɛr'ʃtɛlən]
estado (~ de saúde)	toestand (de)	['tustant]
consciência (perder a ~)	bewustzijn (het)	[bə'wʉstsɛjn]
memória (f)	geheugen (het)	[xə'høxən]

tirar (vt)	trekken	['trɛkən]
obturação (f)	vulling (de)	['vʉlin]
obturar (vt)	vullen	['vʉlən]

| hipnose (f) | hypnose (de) | ['hipnɔzə] |
| hipnotizar (vt) | hypnotiseren | [hipnɔti'zerən] |

67. Medicina. Drogas. Acessórios

medicamento (m)	geneesmiddel (het)	[xə'nēsmidəl]
remédio (m)	middel (het)	['midəl]
receitar (vt)	voorschrijven	['võrsxrɛjvən]
receita (f)	recept (het)	[re'sɛpt]

comprimido (m)	tablet (de/het)	[tab'lɛt]
unguento (m)	zalf (de)	[zalf]
ampola (f)	ampul (de)	[am'pʉl]
solução, preparado (m)	drank (de)	[drank]
xarope (m)	siroop (de)	[si'rōp]
cápsula (f)	pil (de)	[pil]
pó (m)	poeder (de/het)	['pudər]
atadura (f)	verband (het)	[vər'bant]
algodão (m)	watten	['watən]
iodo (m)	jodium (het)	['jodijum]
curativo (m) adesivo	pleister (de)	['plɛjstər]
conta-gotas (m)	pipet (de)	[pi'pɛt]
termômetro (m)	thermometer (de)	['tɛrmɔmetər]
seringa (f)	spuit (de)	['spœʏt]
cadeira (f) de rodas	rolstoel (de)	['rɔl·stul]
muletas (f pl)	krukken	['krʉkən]
analgésico (m)	pijnstiller (de)	['pɛjn·stilər]
laxante (m)	laxeermiddel (het)	[la'ksēr·midəl]
álcool (m)	spiritus (de)	['spiritʉs]
ervas (f pl) medicinais	medicinale kruiden	[mɛdisi'nalə krœʏdən]
de ervas (chá ~)	kruiden-	['krœʏdən]

APARTAMENTO

68. Apartamento

apartamento (m)	appartement (het)	[apartə'mɛnt]
quarto, cômodo (m)	kamer (de)	['kamər]
quarto (m) de dormir	slaapkamer (de)	['slāp·kamər]
sala (f) de jantar	eetkamer (de)	[ēt·'kamər]
sala (f) de estar	salon (de)	[sa'lɔn]
escritório (m)	studeerkamer (de)	[stu'dēr·'kamər]
sala (f) de entrada	gang (de)	[xaŋ]
banheiro (m)	badkamer (de)	['bat·kamər]
lavabo (m)	toilet (het)	[tua'lɛt]
teto (m)	plafond (het)	[pla'fɔnt]
chão, piso (m)	vloer (de)	[vlur]
canto (m)	hoek (de)	[huk]

69. Mobiliário. Interior

mobiliário (m)	meubels	['møbəl]
mesa (f)	tafel (de)	['tafəl]
cadeira (f)	stoel (de)	[stul]
cama (f)	bed (het)	[bɛt]
sofá, divã (m)	bankstel (het)	['bankstəl]
poltrona (f)	fauteuil (de)	[fo'tøj]
estante (f)	boekenkast (de)	['bukən·kast]
prateleira (f)	boekenrek (het)	['bukən·rɛk]
guarda-roupas (m)	kledingkast (de)	['klediŋ·kast]
cabide (m) de parede	kapstok (de)	['kapstɔk]
cabideiro (m) de pé	staande kapstok (de)	['stānde 'kapstɔk]
cômoda (f)	commode (de)	[kɔ'mɔdə]
mesinha (f) de centro	salontafeltje (het)	[sa'lɔn·'tafəltʃə]
espelho (m)	spiegel (de)	['spixəl]
tapete (m)	tapijt (het)	[ta'pɛjt]
tapete (m) pequeno	tapijtje (het)	[ta'pɛjtʃə]
lareira (f)	haard (de)	[hārt]
vela (f)	kaars (de)	[kārs]
castiçal (m)	kandelaar (de)	['kandəlār]
cortinas (f pl)	gordijnen	[xɔr'dɛjnən]
papel (m) de parede	behang (het)	[bə'haŋ]

persianas (f pl)	jaloezie (de)	[jalu'zi]
luminária (f) de mesa	bureaulamp (de)	[bʉ'rɔ·lamp]
luminária (f) de parede	wandlamp (de)	['want·lamp]
abajur (m) de pé	staande lamp (de)	['stãndə lamp]
lustre (m)	luchter (de)	['lʉxtər]

pé (de mesa, etc.)	poot (de)	[põt]
braço, descanso (m)	armleuning (de)	[arm·'løniŋ]
costas (f pl)	rugleuning (de)	['rʉx·'løniŋ]
gaveta (f)	la (de)	[la]

70. Quarto de dormir

roupa (f) de cama	beddengoed (het)	['bɛdən·xut]
travesseiro (m)	kussen (het)	['kʉsən]
fronha (f)	kussenovertrek (de)	['kʉsən·'ɔvərtrɛk]
cobertor (m)	deken (de)	['dekən]
lençol (m)	laken (het)	['lakən]
colcha (f)	sprei (de)	[sprɛj]

71. Cozinha

cozinha (f)	keuken (de)	['køkən]
gás (m)	gas (het)	[xas]
fogão (m) a gás	gasfornuis (het)	[xas·for'nœys]
fogão (m) elétrico	elektrisch fornuis (het)	[ɛ'lɛktris for'nœys]
forno (m)	oven (de)	['ɔvən]
forno (m) de micro-ondas	magnetronoven (de)	['mahnətrɔn·'ɔvən]

geladeira (f)	koelkast (de)	['kul·kast]
congelador (m)	diepvriezer (de)	[dip·'vrizər]
máquina (f) de lavar louça	vaatwasmachine (de)	['vãtwas·ma'ʃinə]

moedor (m) de carne	vleesmolen (de)	['vlẽs·mɔlən]
espremedor (m)	vruchtenpers (de)	['vrʉxtən·pɛrs]
torradeira (f)	toaster (de)	['tõstər]
batedeira (f)	mixer (de)	['miksər]

máquina (f) de café	koffiemachine (de)	['kɔfi·ma'ʃinə]
cafeteira (f)	koffiepot (de)	['kɔfi·pɔt]
moedor (m) de café	koffiemolen (de)	['kɔfi·mɔlən]

chaleira (f)	fluitketel (de)	['flœyt·'ketəl]
bule (m)	theepot (de)	['tẽ·pɔt]
tampa (f)	deksel (de/het)	['dɛksəl]
coador (m) de chá	theezeefje (het)	['tẽ·zefjə]

colher (f)	lepel (de)	['lepəl]
colher (f) de chá	theelepeltje (het)	[tẽ·'lepəltʃə]
colher (f) de sopa	eetlepel (de)	[ẽt·'lepəl]
garfo (m)	vork (de)	[vɔrk]
faca (f)	mes (het)	[mɛs]

louça (f)	vaatwerk (het)	['vɑ̄twɛrk]
prato (m)	bord (het)	[bɔrt]
pires (m)	schoteltje (het)	['sxɔteltʃe]

cálice (m)	likeurglas (het)	[li'kør·xlas]
copo (m)	glas (het)	[xlas]
xícara (f)	kopje (het)	['kɔpje]

açucareiro (m)	suikerpot (de)	[sœʏkər·pɔt]
saleiro (m)	zoutvat (het)	['zaut·vat]
pimenteiro (m)	pepervat (het)	['pepər·vat]
manteigueira (f)	boterschaaltje (het)	['bɔtər·'sxɑ̄ltʃe]

panela (f)	pan (de)	[pan]
frigideira (f)	bakpan (de)	['bak·pan]
concha (f)	pollepel (de)	[pɔl·'lepəl]
coador (m)	vergiet (de/het)	[vər'xit]
bandeja (f)	dienblad (het)	['dinblat]

garrafa (f)	fles (de)	[fles]
pote (m) de vidro	glazen pot (de)	['xlazən pɔt]
lata (~ de cerveja)	blik (het)	[blik]

abridor (m) de garrafa	flesopener (de)	[fles·'ɔpənər]
abridor (m) de latas	blikopener (de)	[blik·'ɔpənər]
saca-rolhas (m)	kurkentrekker (de)	['kʉrkən·'trɛkər]
filtro (m)	filter (de/het)	['filtər]
filtrar (vt)	filteren	['filtərən]

| lixo (m) | huisvuil (het) | ['hœʏsvœʏl] |
| lixeira (f) | vuilnisemmer (de) | ['vœʏlnis·'ɛmər] |

72. Casa de banho

banheiro (m)	badkamer (de)	['bat·kamər]
água (f)	water (het)	['watər]
torneira (f)	kraan (de)	[krɑ̄n]
água (f) quente	warm water (het)	[warm 'watər]
água (f) fria	koud water (het)	['kaut 'watər]

pasta (f) de dente	tandpasta (de)	['tand·pasta]
escovar os dentes	tanden poetsen	['tandən 'putsən]
escova (f) de dente	tandenborstel (de)	['tandən·'bɔrstəl]

barbear-se (vr)	zich scheren	[zix 'sxerən]
espuma (f) de barbear	scheercrème (de)	[sxēr·krɛ:m]
gilete (f)	scheermes (het)	['sxēr·mɛs]

lavar (vt)	wassen	['wasən]
tomar banho	een bad nemen	[en bat 'nemən]
chuveiro (m), ducha (f)	douche (de)	[duʃ]
tomar uma ducha	een douche nemen	[en duʃ 'nemən]
banheira (f)	bad (het)	[bat]
vaso (m) sanitário	toiletpot (de)	[tua'lɛt·pɔt]

pia (f)	wastafel (de)	['was·tafəl]
sabonete (m)	zeep (de)	[zēp]
saboneteira (f)	zeepbakje (het)	['zēp·bakjə]

esponja (f)	spons (de)	[spɔns]
xampu (m)	shampoo (de)	['ʃʌmpō]
toalha (f)	handdoek (de)	['handuk]
roupão (m) de banho	badjas (de)	['batjas]

lavagem (f)	was (de)	[was]
lavadora (f) de roupas	wasmachine (de)	['was·ma'ʃinə]
lavar a roupa	de was doen	[də was dun]
detergente (m)	waspoeder (de)	['was·'pudər]

73. Eletrodomésticos

televisor (m)	televisie (de)	[telə'vizi]
gravador (m)	cassettespeler (de)	[ka'sɛtə·'spelər]
videogravador (m)	videorecorder (de)	['video·re'kɔrdər]
rádio (m)	radio (de)	['radiɔ]
leitor (m)	speler (de)	['spelər]

projetor (m)	videoprojector (de)	['video·prɔ'jektɔr]
cinema (m) em casa	home theater systeem (het)	[hɔm te'jatər si'stēm]
DVD Player (m)	DVD-speler (de)	[deve'də-'spelər]
amplificador (m)	versterker (de)	[vər'stɛrkər]
console (f) de jogos	spelconsole (de)	['spɛl·kɔn'sɔlə]

câmera (f) de vídeo	videocamera (de)	['video·'kaməra]
máquina (f) fotográfica	fotocamera (de)	['fotɔ·'kaməra]
câmera (f) digital	digitale camera (de)	[dixi'talə 'kaməra]

aspirador (m)	stofzuiger (de)	['stɔf·zœɣxər]
ferro (m) de passar	strijkijzer (het)	['strɛjk·ɛjzər]
tábua (f) de passar	strijkplank (de)	['strɛjk·plank]

telefone (m)	telefoon (de)	[telə'fōn]
celular (m)	mobieltje (het)	[mɔ'biltʃe]
máquina (f) de escrever	schrijfmachine (de)	['sxrɛjf·ma'ʃinə]
máquina (f) de costura	naaimachine (de)	['nāj·ma'ʃinə]

microfone (m)	microfoon (de)	[mikrɔ'fōn]
fone (m) de ouvido	koptelefoon (de)	['kɔp·telə'fōn]
controle remoto (m)	afstandsbediening (de)	['afstants·bə'diniŋ]

CD (m)	CD (de)	[se'de]
fita (f) cassete	cassette (de)	[ka'sɛtə]
disco (m) de vinil	vinylplaat (de)	[vi'nil·plāt]

A TERRA. TEMPO

74. Espaço sideral

espaço, cosmo (m)	kosmos (de)	['kɔsmɔs]
espacial, cósmico (adj)	kosmisch	['kɔsmis]
espaço (m) cósmico	kosmische ruimte (de)	['kɔsmisə 'rœɣmtə]
mundo (m)	wereld (de)	['werəlt]
universo (m)	heelal (het)	[hē'lal]
galáxia (f)	sterrenstelsel (het)	['stɛrən·'stɛlsəl]
estrela (f)	ster (de)	[stɛr]
constelação (f)	sterrenbeeld (het)	['stɛrən·bēlt]
planeta (m)	planeet (de)	[pla'nēt]
satélite (m)	satelliet (de)	[satə'lit]
meteorito (m)	meteoriet (de)	[meteɔ'rit]
cometa (m)	komeet (de)	[kɔ'mēt]
asteroide (m)	asteroïde (de)	[aste'rɔidə]
órbita (f)	baan (de)	[bān]
girar (vi)	draaien	['drājən]
atmosfera (f)	atmosfeer (de)	[atmɔ'sfēr]
Sol (m)	Zon (de)	[zɔn]
Sistema (m) Solar	zonnestelsel (het)	['zɔnə·stɛlsəl]
eclipse (m) solar	zonsverduistering (de)	['zɔns·vər'dœɣsteriŋ]
Terra (f)	Aarde (de)	['ārdə]
Lua (f)	Maan (de)	[mān]
Marte (m)	Mars (de)	[mars]
Vênus (f)	Venus (de)	['venʉs]
Júpiter (m)	Jupiter (de)	[jupi'tɛr]
Saturno (m)	Saturnus (de)	[sa'tʉrnʉs]
Mercúrio (m)	Mercurius (de)	[mər'kʉrijus]
Urano (m)	Uranus (de)	[u'ranʉs]
Netuno (m)	Neptunus (de)	[nep'tʉnʉs]
Plutão (m)	Pluto (de)	['plʉtɔ]
Via Láctea (f)	Melkweg (de)	['mɛlk·wɛx]
Ursa Maior (f)	Grote Beer (de)	['xrɔtə bēr]
Estrela Polar (f)	Poolster (de)	['pōlstər]
marciano (m)	marsmannetje (het)	['mars·'manɛtʃə]
extraterrestre (m)	buitenaards wezen (het)	['bœɣtən·ārts 'wezən]
alienígena (m)	bovenaards (het)	['bɔvən·ārts]

disco (m) voador	vliegende schotel (de)	['vlixəndə 'sxɔtəl]
espaçonave (f)	ruimtevaartuig (het)	['rœymtə·'vārtœʏx]
estação (f) orbital	ruimtestation (het)	['rœymtə·sta'tsjɔn]
lançamento (m)	start (de)	[start]

motor (m)	motor (de)	['mɔtɔr]
bocal (m)	straalpijp (de)	['strāl·pɛjp]
combustível (m)	brandstof (de)	['brandstɔf]

| cabine (f) | cabine (de) | [ka'binə] |
| antena (f) | antenne (de) | [an'tɛnə] |

vigia (f)	patrijspoort (de)	[pa'trɛjs·pōrt]
bateria (f) solar	zonnebatterij (de)	['zɔnə·batə'rɛj]
traje (m) espacial	ruimtepak (het)	['rœymtə·pak]

| imponderabilidade (f) | gewichtloosheid (de) | [xə'wixtlō'shɛjt] |
| oxigênio (m) | zuurstof (de) | ['zūrstɔf] |

| acoplagem (f) | koppeling (de) | ['kɔpəliŋ] |
| fazer uma acoplagem | koppeling maken | ['kɔpəliŋ 'makən] |

| observatório (m) | observatorium (het) | [ɔbsərva'tɔrijum] |
| telescópio (m) | telescoop (de) | [telə'skōp] |

| observar (vt) | waarnemen | ['wārnemən] |
| explorar (vt) | exploreren | [ɛksplɔ'rerən] |

75. A Terra

Terra (f)	Aarde (de)	['ārdə]
globo terrestre (Terra)	aardbol (de)	['ārd·bɔl]
planeta (m)	planeet (de)	[pla'nēt]

atmosfera (f)	atmosfeer (de)	[atmɔ'sfēr]
geografia (f)	aardrijkskunde (de)	['ārdrɛjkskʉndə]
natureza (f)	natuur (de)	[na'tūr]

globo (mapa esférico)	wereldbol (de)	['werəld·bɔl]
mapa (m)	kaart (de)	[kārt]
atlas (m)	atlas (de)	['atlas]

| Europa (f) | Europa (het) | [ø'rɔpa] |
| Ásia (f) | Azië (het) | ['āzijə] |

| África (f) | Afrika (het) | ['afrika] |
| Austrália (f) | Australië (het) | [ɔu'straliə] |

América (f)	Amerika (het)	[a'merika]
América (f) do Norte	Noord-Amerika (het)	[nōrd-a'merika]
América (f) do Sul	Zuid-Amerika (het)	['zœyd-a'merika]

| Antártida (f) | Antarctica (het) | [an'tarktika] |
| Ártico (m) | Arctis (de) | ['arktis] |

76. Pontos cardeais

norte (m)	noorden (het)	['nõrdən]
para norte	naar het noorden	[nãr ət 'nõrdən]
no norte	in het noorden	[in ət 'nõrdən]
do norte (adj)	noordelijk	['nõrdələk]
sul (m)	zuiden (het)	['zœʏdən]
para sul	naar het zuiden	[nãr ət zœʏdən]
no sul	in het zuiden	[in ət 'zœʏdən]
do sul (adj)	zuidelijk	['zœʏdələk]
oeste, ocidente (m)	westen (het)	['wɛstən]
para oeste	naar het westen	[nãr ət 'wɛstən]
no oeste	in het westen	[in ət 'wɛstən]
ocidental (adj)	westelijk	['wɛstələk]
leste, oriente (m)	oosten (het)	['ōstən]
para leste	naar het oosten	[nãr ət 'ōstən]
no leste	in het oosten	[in ət 'ōstən]
oriental (adj)	oostelijk	['ōstələk]

77. Mar. Oceano

mar (m)	zee (de)	[zē]
oceano (m)	oceaan (de)	[ɔse'ān]
golfo (m)	golf (de)	[xɔlf]
estreito (m)	straat (de)	[strãt]
terra (f) firme	grond (de)	['xrɔnt]
continente (m)	continent (het)	[kɔnti'nɛnt]
ilha (f)	eiland (het)	['ɛjlant]
península (f)	schiereiland (het)	['sxir·ɛjlant]
arquipélago (m)	archipel (de)	[arxipɛl]
baía (f)	baai, bocht (de)	[bāj], [bɔxt]
porto (m)	haven (de)	['havən]
lagoa (f)	lagune (de)	[la'xʉnə]
cabo (m)	kaap (de)	[kãp]
atol (m)	atol (de)	[a'tɔl]
recife (m)	rif (het)	[rif]
coral (m)	koraal (het)	[kɔ'rāl]
recife (m) de coral	koraalrif (het)	[kɔ'rāl·rif]
profundo (adj)	diep	[dip]
profundidade (f)	diepte (de)	['diptə]
abismo (m)	diepzee (de)	[dip·zē]
fossa (f) oceânica	trog (de)	[trɔx]
corrente (f)	stroming (de)	['strɔmiŋ]
banhar (vt)	omspoelen	['ɔmspulən]
litoral (m)	oever (de)	['uvər]

costa (f)	kust (de)	[kʉst]
maré (f) alta	vloed (de)	['vlut]
refluxo (m)	eb (de)	[ɛb]
restinga (f)	ondiepte (de)	[ɔn'diptə]
fundo (m)	bodem (de)	['bɔdəm]

onda (f)	golf (de)	[xɔlf]
crista (f) da onda	golfkam (de)	['xɔlfkam]
espuma (f)	schuim (het)	['sxœʏm]

tempestade (f)	storm (de)	[stɔrm]
furacão (m)	orkaan (de)	[ɔr'kãn]
tsunami (m)	tsunami (de)	[tsʉ'nami]
calmaria (f)	windstilte (de)	['wind·stiltə]
calmo (adj)	kalm	[kalm]

| polo (m) | pool (de) | [pōl] |
| polar (adj) | polair | [pɔ'lɛr] |

latitude (f)	breedtegraad (de)	['brētə·xrãt]
longitude (f)	lengtegraad (de)	['lɛŋtə·xrãt]
paralela (f)	parallel (de)	[para'lɛl]
equador (m)	evenaar (de)	['ɛvənãr]

céu (m)	hemel (de)	['heməl]
horizonte (m)	horizon (de)	['hɔrizɔn]
ar (m)	lucht (de)	[lʉxt]

farol (m)	vuurtoren (de)	['vūr·tɔrən]
mergulhar (vi)	duiken	['dœʏkən]
afundar-se (vr)	zinken	['zinkən]
tesouros (m pl)	schatten	['sxatən]

78. Nomes de Mares e Oceanos

Oceano (m) Atlântico	Atlantische Oceaan (de)	[at'lantisə ɔse'ãn]
Oceano (m) Índico	Indische Oceaan (de)	['indisə ɔse'ãn]
Oceano (m) Pacífico	Stille Oceaan (de)	['stilə ɔse'ãn]
Oceano (m) Ártico	Noordelijke IJszee (de)	['nōrdələkə 'ɛjs·zē]

Mar (m) Negro	Zwarte Zee (de)	['zwartə zē]
Mar (m) Vermelho	Rode Zee (de)	['rodə zē]
Mar (m) Amarelo	Gele Zee (de)	['xelə zē]
Mar (m) Branco	Witte Zee (de)	['witə zē]

Mar (m) Cáspio	Kaspische Zee (de)	['kaspisə zē]
Mar (m) Morto	Dode Zee (de)	['dodə zē]
Mar (m) Mediterrâneo	Middellandse Zee (de)	['midəlandsə zē]

| Mar (m) Egeu | Egeïsche Zee (de) | [ɛ'xejsə zē] |
| Mar (m) Adriático | Adriatische Zee (de) | [adri'atisə zē] |

| Mar (m) Arábico | Arabische Zee (de) | [a'rabisə zē] |
| Mar (m) do Japão | Japanse Zee (de) | [ja'pansə zē] |

| Mar (m) de Bering | Beringzee (de) | ['beriŋ·zē] |
| Mar (m) da China Meridional | Zuid-Chinese Zee (de) | ['zœyd-ʃi'nesə zē] |

Mar (m) de Coral	Koraalzee (de)	[kɔ'rāl·zē]
Mar (m) de Tasman	Tasmanzee (de)	['tasman·zē]
Mar (m) do Caribe	Caribische Zee (de)	[ka'ribisə zē]

| Mar (m) de Barents | Barentszzee (de) | ['barənts·zē] |
| Mar (m) de Kara | Karische Zee (de) | ['karisə zē] |

Mar (m) do Norte	Noordzee (de)	['nõrd·zē]
Mar (m) Báltico	Baltische Zee (de)	['baltisə zē]
Mar (m) da Noruega	Noorse Zee (de)	['nõrsə zē]

79. Montanhas

montanha (f)	berg (de)	[bɛrx]
cordilheira (f)	bergketen (de)	['bɛrx·'ketən]
serra (f)	gebergte (het)	[xə'bɛrxtə]

cume (m)	bergtop (de)	['bɛrx·tɔp]
pico (m)	bergpiek (de)	['bɛrx·pik]
pé (m)	voet (de)	[vut]
declive (m)	helling (de)	['heliŋ]

vulcão (m)	vulkaan (de)	[vʉl'kān]
vulcão (m) ativo	actieve vulkaan (de)	[ak'tivə vʉl'kān]
vulcão (m) extinto	uitgedoofde vulkaan (de)	['œytxədõfdə vyl'kān]

erupção (f)	uitbarsting (de)	['œytbarstiŋ]
cratera (f)	krater (de)	['kratər]
magma (m)	magma (het)	['maxma]
lava (f)	lava (de)	['lava]
fundido (lava ~a)	gloeiend	['xlʉjənt]

cânion, desfiladeiro (m)	kloof (de)	[klõf]
garganta (f)	bergkloof (de)	['bɛrx·klõf]
fenda (f)	spleet (de)	[splet]
precipício (m)	afgrond (de)	['afxrɔnt]

passo, colo (m)	bergpas (de)	['bɛrx·pas]
planalto (m)	plateau (het)	[pla'tɔ]
falésia (f)	klip (de)	[klip]
colina (f)	heuvel (de)	['høvəl]

geleira (f)	gletsjer (de)	['xletʃər]
cachoeira (f)	waterval (de)	['watər·val]
gêiser (m)	geiser (de)	['xɛjzər]
lago (m)	meer (het)	[mēr]

planície (f)	vlakte (de)	['vlaktə]
paisagem (f)	landschap (het)	['landsxap]
eco (m)	echo (de)	['ɛxɔ]
alpinista (m)	alpinist (de)	[alpi'nist]

81

escalador (m)	bergbeklimmer (de)	['bɛrx·bə'klimər]
conquistar (vt)	trotseren	[trɔ'tserən]
subida, escalada (f)	beklimming (de)	[bə'klimiŋ]

80. Nomes de montanhas

Alpes (m pl)	Alpen (de)	['alpən]
Monte Branco (m)	Mont Blanc (de)	[mɔn blan]
Pirineus (m pl)	Pyreneeën (de)	[pirə'nēən]

Cárpatos (m pl)	Karpaten (de)	[kar'patən]
Urais (m pl)	Oeralgebergte (het)	[ural·xə'bɛrxtə]
Cáucaso (m)	Kaukasus (de)	[kau'kazʉs]
Elbrus (m)	Elbroes (de)	[ɛlb'rus]

Altai (m)	Altaj (de)	[al'taj]
Tian Shan (m)	Tiensjan (de)	[ti'enɕan]
Pamir (m)	Pamir (de)	[pa'mir]
Himalaia (m)	Himalaya (de)	[hima'laja]
monte Everest (m)	Everest (de)	['ɛverɛst]

| Cordilheira (f) dos Andes | Andes (de) | ['andɛs] |
| Kilimanjaro (m) | Kilimanjaro (de) | [kiliman'dʒarɔ] |

81. Rios

rio (m)	rivier (de)	[ri'vir]
fonte, nascente (f)	bron (de)	[brɔn]
leito (m) de rio	rivierbedding (de)	[ri'vir·'bɛdiŋ]
bacia (f)	rivierbekken (het)	[ri'vir·'bɛkən]
desaguar no ...	uitmonden in ...	['œʏtmɔndən in]

| afluente (m) | zijrivier (de) | [zɛj·ri'vir] |
| margem (do rio) | oever (de) | ['uvər] |

corrente (f)	stroming (de)	['strɔmiŋ]
rio abaixo	stroomafwaarts	[strõm·'afwãrts]
rio acima	stroomopwaarts	[strõm·'ɔpwãrts]

inundação (f)	overstroming (de)	[ɔvər'strɔmiŋ]
cheia (f)	overstroming (de)	[ɔvər'strɔmiŋ]
transbordar (vi)	buiten zijn oevers treden	['bœʏtən zɛjn 'uvərs 'trɛdən]
inundar (vt)	overstromen	[ɔvər'strɔmən]

| banco (m) de areia | zandbank (de) | ['zant·bank] |
| corredeira (f) | stroomversnelling (de) | [strõm·vər'sneliŋ] |

barragem (f)	dam (de)	[dam]
canal (m)	kanaal (het)	[ka'nãl]
reservatório (m) de água	spaarbekken (het)	['spãr·bɛkən]
eclusa (f)	sluis (de)	['slœʏs]
corpo (m) de água	waterlichaam (het)	['watər·'lixãm]

pântano (m)	moeras (het)	[mu'ras]
lamaçal (m)	broek (het)	[bruk]
redemoinho (m)	draaikolk (de)	['drāj·kɔlk]

riacho (m)	stroom (de)	[strõm]
potável (adj)	drink-	[drink]
doce (água)	zoet	[zut]

| gelo (m) | ijs (het) | [ɛjs] |
| congelar-se (vr) | bevriezen | [bə'vrizən] |

82. Nomes de rios

| rio Sena (m) | Seine (de) | ['sɛjnə] |
| rio Loire (m) | Loire (de) | [lu'arə] |

rio Tâmisa (m)	Theems (de)	['tɛjms]
rio Reno (m)	Rijn (de)	['rɛjn]
rio Danúbio (m)	Donau (de)	['dɔnau]

rio Volga (m)	Wolga (de)	['wɔlxa]
rio Don (m)	Don (de)	[dɔn]
rio Lena (m)	Lena (de)	['lena]

rio Amarelo (m)	Gele Rivier (de)	['xelə ri'vir]
rio Yangtzé (m)	Blauwe Rivier (de)	['blauə ri'vir]
rio Mekong (m)	Mekong (de)	[me'kɔŋ]
rio Ganges (m)	Ganges (de)	['xaŋəs]

rio Nilo (m)	Nijl (de)	['nɛjl]
rio Congo (m)	Kongo (de)	['kɔnxɔ]
rio Cubango (m)	Okavango (de)	[ɔka'vanxɔ]
rio Zambeze (m)	Zambezi (de)	[zam'bezi]
rio Limpopo (m)	Limpopo (de)	[lim'pɔpɔ]
rio Mississippi (m)	Mississippi (de)	[misi'sipi]

83. Floresta

| floresta (f), bosque (m) | bos (het) | [bɔs] |
| florestal (adj) | bos- | [bɔs] |

mata (f) fechada	oerwoud (het)	['urwaut]
arvoredo (m)	bosje (het)	['bɔɕə]
clareira (f)	open plek (de)	['ɔpən plek]

| matagal (m) | struikgewas (het) | ['strœyk·xə'was] |
| mato (m), caatinga (f) | struiken | ['strœykən] |

pequena trilha (f)	paadje (het)	['pādjə]
ravina (f)	ravijn (het)	[ra'vɛjn]
árvore (f)	boom (de)	[bõm]
folha (f)	blad (het)	[blat]

folhagem (f)	gebladerte (het)	[xə'bladərtə]
queda (f) das folhas	vallende bladeren	['valəndə 'bladerən]
cair (vi)	vallen	['valən]
topo (m)	boomtop (de)	['bōm·tɔp]

ramo (m)	tak (de)	[tak]
galho (m)	ent (de)	[ɛnt]
botão (m)	knop (de)	[knɔp]
agulha (f)	naald (de)	[nālt]
pinha (f)	dennenappel (de)	['dɛnən·'apəl]

buraco (m) de árvore	boom holte (de)	[bōm 'hɔltə]
ninho (m)	nest (het)	[nɛst]
toca (f)	hol (het)	[hɔl]

tronco (m)	stam (de)	[stam]
raiz (f)	wortel (de)	['wɔrtəl]
casca (f) de árvore	schors (de)	[sxɔrs]
musgo (m)	mos (het)	[mɔs]

arrancar pela raiz	ontwortelen	[ɔnt'wɔrtələn]
cortar (vt)	kappen	['kapən]
desflorestar (vt)	ontbossen	[ɔn'bɔsən]
toco, cepo (m)	stronk (de)	[strɔnk]

fogueira (f)	kampvuur (het)	['kampvūr]
incêndio (m) florestal	bosbrand (de)	['bɔs·brant]
apagar (vt)	blussen	['blʉsən]

guarda-parque (m)	boswachter (de)	[bɔs·'waxtər]
proteção (f)	bescherming (de)	[bə'sxɛrmiŋ]
proteger (a natureza)	beschermen	[bə'sxɛrmən]
caçador (m) furtivo	stroper (de)	['strɔpər]
armadilha (f)	val (de)	[val]

| colher (cogumelos, bagas) | plukken | ['plʉkən] |
| perder-se (vr) | verdwalen (de weg kwijt zijn) | [vərd'walən] |

84. Recursos naturais

recursos (m pl) naturais	natuurlijke rijkdommen	[na'tūrləkə 'rɛjkdɔmən]
minerais (m pl)	delfstoffen	['dɛlfstɔfən]
depósitos (m pl)	lagen	['laxən]
jazida (f)	veld (het)	[vɛlt]

extrair (vt)	winnen	['winən]
extração (f)	winning (de)	['winiŋ]
minério (m)	erts (het)	[ɛrts]
mina (f)	mijn (de)	[mɛjn]
poço (m) de mina	mijnschacht (de)	['mɛjn·sxaxt]
mineiro (m)	mijnwerker (de)	['mɛjn·wɛrkər]
gás (m)	gas (het)	[xas]
gasoduto (m)	gasleiding (de)	[xas·'lɛjdiŋ]

petróleo (m)	olie (de)	['ɔli]
oleoduto (m)	olieleiding (de)	['ɔli·'lɛjdiŋ]
poço (m) de petróleo	oliebron (de)	['ɔli·brɔn]
torre (f) petrolífera	boortoren (de)	[bōr·'tɔrən]
petroleiro (m)	tanker (de)	['tankər]

areia (f)	zand (het)	[zant]
calcário (m)	kalksteen (de)	['kalkstēn]
cascalho (m)	grind (het)	[xrint]
turfa (f)	veen (het)	[vēn]
argila (f)	klei (de)	[klɛj]
carvão (m)	steenkool (de)	['stēn·kōl]

ferro (m)	ijzer (het)	['ɛjzər]
ouro (m)	goud (het)	['xaut]
prata (f)	zilver (het)	['zilvər]
níquel (m)	nikkel (het)	['nikəl]
cobre (m)	koper (het)	['kɔpər]

zinco (m)	zink (het)	[zink]
manganês (m)	mangaan (het)	[man'xān]
mercúrio (m)	kwik (het)	['kwik]
chumbo (m)	lood (het)	[lōt]

mineral (m)	mineraal (het)	[minə'rāl]
cristal (m)	kristal (het)	[kris'tal]
mármore (m)	marmer (het)	['marmər]
urânio (m)	uraan (het)	[ju'rān]

85. Tempo

tempo (m)	weer (het)	[wēr]
previsão (f) do tempo	weersvoorspelling (de)	['wērs·vōr'spɛliŋ]
temperatura (f)	temperatuur (de)	[tɛmpəra'tūr]
termômetro (m)	thermometer (de)	['tɛrmɔmetər]
barômetro (m)	barometer (de)	['barɔ'metər]

úmido (adj)	vochtig	['vɔhtəx]
umidade (f)	vochtigheid (de)	['vɔhtixhɛjt]
calor (m)	hitte (de)	['hitə]
tórrido (adj)	heet	[hēt]
está muito calor	het is heet	[ət is hēt]

| está calor | het is warm | [ət is warm] |
| quente (morno) | warm | [warm] |

| está frio | het is koud | [ət is 'kaut] |
| frio (adj) | koud | ['kaut] |

sol (m)	zon (de)	[zɔn]
brilhar (vi)	schijnen	['sxɛjnən]
de sol, ensolarado	zonnig	['zɔnɛx]
nascer (vi)	opgaan	['ɔpxān]
pôr-se (vr)	ondergaan	['ɔndərxān]

nuvem (f)	wolk (de)	[wɔlk]
nublado (adj)	bewolkt	[bə'wɔlkt]
nuvem (f) preta	regenwolk (de)	['rexən·wɔlk]
escuro, cinzento (adj)	somber	['sɔmbər]
chuva (f)	regen (de)	['rexən]
está a chover	het regent	[ət 'rexənt]
chuvoso (adj)	regenachtig	['rexənaxtəx]
chuviscar (vi)	motregenen	['mɔtrexənən]
chuva (f) torrencial	plensbui (de)	['plɛnsbœy]
aguaceiro (m)	stortbui (de)	['stɔrt·bœy]
forte (chuva, etc.)	hard	[hart]
poça (f)	plas (de)	[plas]
molhar-se (vr)	nat worden	[nat 'wɔrdən]
nevoeiro (m)	mist (de)	[mist]
de nevoeiro	mistig	['mistəx]
neve (f)	sneeuw (de)	[snẽw]
está nevando	het sneeuwt	[ət 'snẽwt]

86. Tempo extremo. Catástrofes naturais

trovoada (f)	noodweer (het)	['nɔtwer]
relâmpago (m)	bliksem (de)	['bliksəm]
relampejar (vi)	flitsen	['flitsən]
trovão (m)	donder (de)	['dɔndər]
trovejar (vi)	donderen	['dɔndərən]
está trovejando	het dondert	[ət 'dɔndərt]
granizo (m)	hagel (de)	['haxəl]
está caindo granizo	het hagelt	[ət 'haxəlt]
inundar (vt)	overstromen	[ɔvər'strɔmən]
inundação (f)	overstroming (de)	[ɔvər'strɔmiŋ]
terremoto (m)	aardbeving (de)	['ārd·beviŋ]
abalo, tremor (m)	aardschok (de)	['ārd·sxɔk]
epicentro (m)	epicentrum (het)	[ɛpi'sɛntrʉm]
erupção (f)	uitbarsting (de)	['œytbarstiŋ]
lava (f)	lava (de)	['lava]
tornado (m)	wervelwind (de)	['wɛrvəl·vint]
tornado (m)	windhoos (de)	['windhōs]
tufão (m)	tyfoon (de)	[taj'fōn]
furacão (m)	orkaan (de)	[ɔr'kān]
tempestade (f)	storm (de)	[stɔrm]
tsunami (m)	tsunami (de)	[tsʉ'nami]
ciclone (m)	cycloon (de)	[si'klōn]
mau tempo (m)	onweer (het)	['ɔnwẽr]

incêndio (m)	brand (de)	[brant]
catástrofe (f)	ramp (de)	[ramp]
meteorito (m)	meteoriet (de)	[meteɔ'rit]

avalanche (f)	lawine (de)	[la'winǝ]
deslizamento (m) de neve	sneeuwverschuiving (de)	['snēw·'fɛrsxœɣviŋ]
nevasca (f)	sneeuwjacht (de)	['snēw·jaxt]
tempestade (f) de neve	sneeuwstorm (de)	['snēw·stɔrm]

FAUNA

87. Mamíferos. Predadores

predador (m)	roofdier (het)	['rōf·dīr]
tigre (m)	tijger (de)	['tɛjxər]
leão (m)	leeuw (de)	[lēw]
lobo (m)	wolf (de)	[wɔlf]
raposa (f)	vos (de)	[vɔs]
jaguar (m)	jaguar (de)	['jaguar]
leopardo (m)	luipaard (de)	['lœʏpãrt]
chita (f)	jachtluipaard (de)	['jaxt·lœʏpãrt]
pantera (f)	panter (de)	['pantər]
puma (m)	poema (de)	['puma]
leopardo-das-neves (m)	sneeuwluipaard (de)	['snēw·lœʏpãrt]
lince (m)	lynx (de)	[links]
coiote (m)	coyote (de)	[kɔ'jot]
chacal (m)	jakhals (de)	['jakhals]
hiena (f)	hyena (de)	[hi'ena]

88. Animais selvagens

animal (m)	dier (het)	[dīr]
besta (f)	beest (het)	[bēst]
esquilo (m)	eekhoorn (de)	['ēkhōrn]
ouriço (m)	egel (de)	['exəl]
lebre (f)	haas (de)	[hãs]
coelho (m)	konijn (het)	[kɔ'nɛjn]
texugo (m)	das (de)	[das]
guaxinim (m)	wasbeer (de)	['wasbēr]
hamster (m)	hamster (de)	['hamstər]
marmota (f)	marmot (de)	[mar'mɔt]
toupeira (f)	mol (de)	[mɔl]
rato (m)	muis (de)	[mœʏs]
ratazana (f)	rat (de)	[rat]
morcego (m)	vleermuis (de)	['vlēr·mœʏs]
arminho (m)	hermelijn (de)	[hɛrmə'lɛjn]
zibelina (f)	sabeldier (het)	['sabəl·dīr]
marta (f)	marter (de)	['martər]
doninha (f)	wezel (de)	['wezəl]
visom (m)	nerts (de)	[nɛrts]

| castor (m) | bever (de) | ['bɛvər] |
| lontra (f) | otter (de) | ['ɔtər] |

cavalo (m)	paard (het)	[pãrt]
alce (m)	eland (de)	['ɛlant]
veado (m)	hert (het)	[hɛrt]
camelo (m)	kameel (de)	[ka'mēl]

bisão (m)	bizon (de)	[bi'zɔn]
auroque (m)	wisent (de)	['wīzɛnt]
búfalo (m)	buffel (de)	['bʉfəl]

zebra (f)	zebra (de)	['zɛbra]
antílope (m)	antilope (de)	[anti'lɔpə]
corça (f)	ree (de)	[rē]
gamo (m)	damhert (het)	['damhɛrt]
camurça (f)	gems (de)	[xɛms]
javali (m)	everzwijn (het)	['ɛvər·zwɛjn]

baleia (f)	walvis (de)	['walvis]
foca (f)	rob (de)	[rɔb]
morsa (f)	walrus (de)	['walrʉs]
urso-marinho (m)	zeebeer (de)	['zē·bēr]
golfinho (m)	dolfijn (de)	[dɔl'fɛjn]

urso (m)	beer (de)	[bēr]
urso (m) polar	ijsbeer (de)	['ɛjs·bēr]
panda (m)	panda (de)	['panda]

macaco (m)	aap (de)	[āp]
chimpanzé (m)	chimpansee (de)	[ʃimpan'sē]
orangotango (m)	orang-oetan (de)	[ɔ'raŋ-utaŋ]
gorila (m)	gorilla (de)	[xɔ'rila]
macaco (m)	makaak (de)	[ma'kāk]
gibão (m)	gibbon (de)	['xibɔn]

elefante (m)	olifant (de)	['ɔlifant]
rinoceronte (m)	neushoorn (de)	['nøshōrn]
girafa (f)	giraffe (de)	[xi'rafə]
hipopótamo (m)	nijlpaard (het)	['nɛjl·pārt]

| canguru (m) | kangoeroe (de) | ['kanxəru] |
| coala (m) | koala (de) | [kɔ'ala] |

mangusto (m)	mangoest (de)	[man'xust]
chinchila (f)	chinchilla (de)	[ʃin'ʃila]
cangambá (f)	stinkdier (het)	['stink·dīr]
porco-espinho (m)	stekelvarken (het)	['stekəl·'varkən]

89. Animais domésticos

gata (f)	poes (de)	[pus]
gato (m) macho	kater (de)	['katər]
cão (m)	hond (de)	[hɔnt]

cavalo (m)	paard (het)	[pãrt]
garanhão (m)	hengst (de)	[hɛŋst]
égua (f)	merrie (de)	['mɛri]

vaca (f)	koe (de)	[ku]
touro (m)	bul, stier (de)	[bʉl], [stir]
boi (m)	os (de)	[ɔs]

ovelha (f)	schaap (het)	[sxãp]
carneiro (m)	ram (de)	[ram]
cabra (f)	geit (de)	[xɛjt]
bode (m)	bok (de)	[bɔk]

| burro (m) | ezel (de) | ['ezəl] |
| mula (f) | muilezel (de) | [mœɣlezəl] |

porco (m)	varken (het)	['varkən]
leitão (m)	biggetje (het)	['bixətʃə]
coelho (m)	konijn (het)	[kɔ'nɛjn]

| galinha (f) | kip (de) | [kip] |
| galo (m) | haan (de) | [hãn] |

pata (f), pato (m)	eend (de)	[ēnt]
pato (m)	woerd (de)	[wurt]
ganso (m)	gans (de)	[xans]

| peru (m) | kalkoen haan (de) | [kal'kun hãn] |
| perua (f) | kalkoen (de) | [kal'kun] |

animais (m pl) domésticos	huisdieren	['hœɣs·'dīrən]
domesticado (adj)	tam	[tam]
domesticar (vt)	temmen, tam maken	['tɛmən], [tam 'makən]
criar (vt)	fokken	['fɔkən]

fazenda (f)	boerderij (de)	[burdə'rɛj]
aves (f pl) domésticas	gevogelte (het)	[xə'voxəltə]
gado (m)	rundvee (het)	['rʉntvē]
rebanho (m), manada (f)	kudde (de)	['kʉdə]

estábulo (m)	paardenstal (de)	['pãrdən·stal]
chiqueiro (m)	zwijnenstal (de)	['zwɛjnən·stal]
estábulo (m)	koeienstal (de)	['kujen·stal]
coelheira (f)	konijnenhok (het)	[kɔ'nɛjnən·hɔk]
galinheiro (m)	kippenhok (het)	['kipən·hɔk]

90. Pássaros

pássaro (m), ave (f)	vogel (de)	['vɔxəl]
pombo (m)	duif (de)	['dœɣf]
pardal (m)	mus (de)	[mʉs]
chapim-real (m)	koolmees (de)	['kõlmēs]
pega-rabuda (f)	ekster (de)	['ɛkstər]
corvo (m)	raaf (de)	[rãf]

gralha-cinzenta (f)	kraai (de)	[krãj]
gralha-de-nuca-cinzenta (f)	kauw (de)	['kau]
gralha-calva (f)	roek (de)	[ruk]
pato (m)	eend (de)	[ēnt]
ganso (m)	gans (de)	[xans]
faisão (m)	fazant (de)	[fa'zant]
águia (f)	arend (de)	['arənt]
açor (m)	havik (de)	['havik]
falcão (m)	valk (de)	[valk]
abutre (m)	gier (de)	[xir]
condor (m)	condor (de)	['kɔndɔr]
cisne (m)	zwaan (de)	[zwãn]
grou (m)	kraanvogel (de)	['krãn·vɔxəl]
cegonha (f)	ooievaar (de)	['õjevãr]
papagaio (m)	papegaai (de)	[papə'xãj]
beija-flor (m)	kolibrie (de)	[kɔ'libri]
pavão (m)	pauw (de)	['pau]
avestruz (m)	struisvogel (de)	['strœys·vɔxəl]
garça (f)	reiger (de)	['rɛjxər]
flamingo (m)	flamingo (de)	[fla'mingɔ]
pelicano (m)	pelikaan (de)	[peli'kãn]
rouxinol (m)	nachtegaal (de)	['nahtəxãl]
andorinha (f)	zwaluw (de)	['zwalʉv]
tordo-zornal (m)	lijster (de)	['lɛjstər]
tordo-músico (m)	zanglijster (de)	[zaŋ·'lɛjstər]
melro-preto (m)	merel (de)	['merəl]
andorinhão (m)	gierzwaluw (de)	[xirz'walʉw]
cotovia (f)	leeuwerik (de)	['lēwərik]
codorna (f)	kwartel (de)	['kwartəl]
pica-pau (m)	specht (de)	[spɛxt]
cuco (m)	koekoek (de)	['kukuk]
coruja (f)	uil (de)	['œyl]
bufo-real (m)	oehoe (de)	['uhu]
tetraz-grande (m)	auerhoen (het)	['auər·hun]
tetraz-lira (m)	korhoen (het)	['kɔrhun]
perdiz-cinzenta (f)	patrijs (de)	[pa'trɛjs]
estorninho (m)	spreeuw (de)	[sprēw]
canário (m)	kanarie (de)	[ka'nari]
galinha-do-mato (f)	hazelhoen (het)	['hazəlhun]
tentilhão (m)	vink (de)	[vink]
dom-fafe (m)	goudvink (de)	['xaudvink]
gaivota (f)	meeuw (de)	[mēw]
albatroz (m)	albatros (de)	[albatrɔs]
pinguim (m)	pinguïn (de)	['piŋgwin]

91. Peixes. Animais marinhos

brema (f)	brasem (de)	['brasəm]
carpa (f)	karper (de)	['karpər]
perca (f)	baars (de)	[bãrs]
siluro (m)	meerval (de)	['mērval]
lúcio (m)	snoek (de)	[snuk]
salmão (m)	zalm (de)	[zalm]
esturjão (m)	steur (de)	['stør]
arenque (m)	haring (de)	['hariŋ]
salmão (m) do Atlântico	atlantische zalm (de)	[at'lantisə zalm]
cavala, sarda (f)	makreel (de)	[ma'krēl]
solha (f), linguado (m)	platvis (de)	['platvis]
lúcio perca (m)	snoekbaars (de)	['snukbãrs]
bacalhau (m)	kabeljauw (de)	[kabə'ljau]
atum (m)	tonijn (de)	[tɔ'nɛjn]
truta (f)	forel (de)	[fɔ'rɛl]
enguia (f)	paling (de)	[pa'liŋ]
raia (f) elétrica	sidderrog (de)	['sidər·rɔx]
moreia (f)	murene (de)	[mʉ'rɛnə]
piranha (f)	piranha (de)	[pi'ranja]
tubarão (m)	haai (de)	[hãj]
golfinho (m)	dolfijn (de)	[dɔl'fɛjn]
baleia (f)	walvis (de)	['walvis]
caranguejo (m)	krab (de)	[krab]
água-viva (f)	kwal (de)	['kwal]
polvo (m)	octopus (de)	['ɔktɔpʉs]
estrela-do-mar (f)	zeester (de)	['zē·stər]
ouriço-do-mar (m)	zee-egel (de)	[zē-'exəl]
cavalo-marinho (m)	zeepaardje (het)	['zē·pãrtjə]
ostra (f)	oester (de)	['ustər]
camarão (m)	garnaal (de)	[xar'nãl]
lagosta (f)	kreeft (de)	[krẽft]
lagosta (f)	langoest (de)	[lan'xust]

92. Anfíbios. Répteis

cobra (f)	slang (de)	[slaŋ]
venenoso (adj)	giftig	['xiftəx]
víbora (f)	adder (de)	['adər]
naja (f)	cobra (de)	['kɔbra]
píton (m)	python (de)	['pitɔn]
jiboia (f)	boa (de)	['bɔa]
cobra-de-água (f)	ringslang (de)	['riŋ·slaŋ]

| cascavel (f) | ratelslang (de) | ['ratəl·slaŋ] |
| anaconda (f) | anaconda (de) | [ana'kɔnda] |

lagarto (m)	hagedis (de)	['haxədis]
iguana (f)	leguaan (de)	[lexʉ'ān]
varano (m)	varaan (de)	[va'rān]
salamandra (f)	salamander (de)	[sala'mandər]
camaleão (m)	kameleon (de)	[kamele'ɔn]
escorpião (m)	schorpioen (de)	[sxɔrpi'un]

tartaruga (f)	schildpad (de)	['sxildpat]
rã (f)	kikker (de)	['kikər]
sapo (m)	pad (de)	[pat]
crocodilo (m)	krokodil (de)	[krɔkɔ'dil]

93. Insetos

inseto (m)	insect (het)	[in'sɛkt]
borboleta (f)	vlinder (de)	['vlindər]
formiga (f)	mier (de)	[mir]
mosca (f)	vlieg (de)	[vlix]
mosquito (m)	mug (de)	[mʉx]
escaravelho (m)	kever (de)	['kevər]

vespa (f)	wesp (de)	[wɛsp]
abelha (f)	bij (de)	[bɛj]
mamangaba (f)	hommel (de)	['hɔməl]
moscardo (m)	horzel (de)	['hɔrsəl]

| aranha (f) | spin (de) | [spin] |
| teia (f) de aranha | spinnenweb (het) | ['spinən·wɛb] |

libélula (f)	libel (de)	[li'bɛl]
gafanhoto (m)	sprinkhaan (de)	['sprinkhān]
traça (f)	nachtvlinder (de)	['naxt·'vlindər]

barata (f)	kakkerlak (de)	['kakərlak]
carrapato (m)	teek (de)	[tēk]
pulga (f)	vlo (de)	[vlɔ]
borrachudo (m)	kriebelmug (de)	['kribəl·mʉx]

gafanhoto (m)	treksprinkhaan (de)	['trɛk·sprink'hān]
caracol (m)	slak (de)	[slak]
grilo (m)	krekel (de)	['krekəl]
pirilampo, vaga-lume (m)	glimworm (de)	['xlim·wɔrm]
joaninha (f)	lieveheersbeestje (het)	[livə'hērs·'bestʃə]
besouro (m)	meikever (de)	['mɛjkəvər]

sanguessuga (f)	bloedzuiger (de)	['blud·zœɣxər]
lagarta (f)	rups (de)	[rʉps]
minhoca (f)	aardworm (de)	['ārd·wɔrm]
larva (f)	larve (de)	['larvə]

FLORA

94. Árvores

árvore (f)	boom (de)	[bõm]
decídua (adj)	loof-	[lõf]
conífera (adj)	dennen-	['dɛnən]
perene (adj)	groenblijvend	[xrun 'blɛjvənt]
macieira (f)	appelboom (de)	['apəl·bõm]
pereira (f)	perenboom (de)	['perən·bõm]
cerejeira (f)	zoete kers (de)	['zute kɛrs]
ginjeira (f)	zure kers (de)	['zʉrə kɛrs]
ameixeira (f)	pruimelaar (de)	[prœʏmə·lãr]
bétula (f)	berk (de)	[bɛrk]
carvalho (m)	eik (de)	[ɛjk]
tília (f)	linde (de)	['lində]
choupo-tremedor (m)	esp (de)	[ɛsp]
bordo (m)	esdoorn (de)	['ɛsdõrn]
espruce (m)	spar (de)	[spar]
pinheiro (m)	den (de)	[dɛn]
alerce, lariço (m)	lariks (de)	['lariks]
abeto (m)	zilverspar (de)	['zilvər·spar]
cedro (m)	ceder (de)	['sedər]
choupo, álamo (m)	populier (de)	[popʉ'lir]
tramazeira (f)	lijsterbes (de)	['lɛjstərbɛs]
salgueiro (m)	wilg (de)	[wilx]
amieiro (m)	els (de)	[ɛls]
faia (f)	beuk (de)	['bøk]
ulmeiro, olmo (m)	iep (de)	[jep]
freixo (m)	es (de)	[ɛs]
castanheiro (m)	kastanje (de)	[kas'tanjə]
magnólia (f)	magnolia (de)	[mah'nɔlija]
palmeira (f)	palm (de)	[palm]
cipreste (m)	cipres (de)	[sip'rɛs]
mangue (m)	mangrove (de)	[man'xrɔvə]
embondeiro, baobá (m)	baobab (de)	['baobap]
eucalipto (m)	eucalyptus (de)	[øka'liptʉs]
sequoia (f)	mammoetboom (de)	[ma'mut·bõm]

95. Arbustos

arbusto (m)	struik (de)	['strœʏk]
arbusto (m), moita (f)	heester (de)	['hēstər]

| videira (f) | wijnstok (de) | ['wɛjn·stɔk] |
| vinhedo (m) | wijngaard (de) | ['wɛjnxārt] |

framboeseira (f)	frambozenstruik (de)	[fram'bɔsən·'strœvk]
groselheira-negra (f)	zwarte bes (de)	['zwartə bɛs]
groselheira-vermelha (f)	rode bessenstruik (de)	['rodə 'bɛsən·strœvk]
groselheira (f) espinhosa	kruisbessenstruik (de)	['krœvs·'bɛsənstrœvk]

acácia (f)	acacia (de)	[a'kaɕia]
bérberis (f)	zuurbes (de)	['zūr·bɛs]
jasmim (m)	jasmijn (de)	[jas'mɛjn]

junípero (m)	jeneverbes (de)	[je'nɛvərbɛs]
roseira (f)	rozenstruik (de)	['rɔzən·strœvk]
roseira (f) brava	hondsroos (de)	['hund·rōs]

96. Frutos. Bagas

fruta (f)	vrucht (de)	[vrʉxt]
frutas (f pl)	vruchten	['vrʉxtən]
maçã (f)	appel (de)	['apəl]
pera (f)	peer (de)	[pēr]
ameixa (f)	pruim (de)	['prœvm]

morango (m)	aardbei (de)	['ārd·bɛj]
ginja (f)	zure kers (de)	['zʉrə kɛrs]
cereja (f)	zoete kers (de)	['zutə kɛrs]
uva (f)	druif (de)	[drœvf]

framboesa (f)	framboos (de)	[fram'bōs]
groselha (f) negra	zwarte bes (de)	['zwartə bɛs]
groselha (f) vermelha	rode bes (de)	['rodə bɛs]
groselha (f) espinhosa	kruisbes (de)	['krœvsbɛs]
oxicoco (m)	veenbes (de)	['vēnbɛs]

laranja (f)	sinaasappel (de)	['sināsapəl]
tangerina (f)	mandarijn (de)	[manda'rɛjn]
abacaxi (m)	ananas (de)	['ananas]

| banana (f) | banaan (de) | [ba'nān] |
| tâmara (f) | dadel (de) | ['dadəl] |

limão (m)	citroen (de)	[si'trun]
damasco (m)	abrikoos (de)	[abri'kōs]
pêssego (m)	perzik (de)	['pɛrzik]

| quiuí (m) | kiwi (de) | ['kiwi] |
| toranja (f) | grapefruit (de) | ['grepfrut] |

baga (f)	bes (de)	[bɛs]
bagas (f pl)	bessen	['bɛsən]
arando (m) vermelho	vossenbes (de)	['vɔsenbɛs]
morango-silvestre (m)	bosaardbei (de)	[bɔs·ārdbɛj]
mirtilo (m)	blauwe bosbes (de)	['blauə 'bɔsbɛs]

97. Flores. Plantas

flor (f)	bloem (de)	[blum]
buquê (m) de flores	boeket (het)	[bu'kɛt]
rosa (f)	roos (de)	[rōs]
tulipa (f)	tulp (de)	[tɵlp]
cravo (m)	anjer (de)	['anjer]
gladíolo (m)	gladiool (de)	[xladi'ōl]
centáurea (f)	korenbloem (de)	['korənblum]
campainha (f)	klokje (het)	['klɔkjə]
dente-de-leão (m)	paardenbloem (de)	['pārdən·blum]
camomila (f)	kamille (de)	[ka'milə]
aloé (m)	aloë (de)	[a'lɔe]
cacto (m)	cactus (de)	['kaktɵs]
fícus (m)	ficus (de)	['fikɵs]
lírio (m)	lelie (de)	['leli]
gerânio (m)	geranium (de)	[xə'ranijum]
jacinto (m)	hyacint (de)	[hia'sint]
mimosa (f)	mimosa (de)	[mi'mɔza]
narciso (m)	narcis (de)	[nar'sis]
capuchinha (f)	Oost-Indische kers (de)	[ōst·'indisə kɛrs]
orquídea (f)	orchidee (de)	[ɔrxi'dē]
peônia (f)	pioenroos (de)	[pi'un·rōs]
violeta (f)	viooltje (het)	[vi'jōltʃə]
amor-perfeito (m)	driekleurig viooltje (het)	[dri'klørəx vi'ōltʃə]
não-me-esqueças (m)	vergeet-mij-nietje (het)	[vər'xēt-mɛj-'nitʃə]
margarida (f)	madeliefje (het)	[madɛ'lifⁱə]
papoula (f)	papaver (de)	[pa'pavər]
cânhamo (m)	hennep (de)	['hɛnəp]
hortelã, menta (f)	munt (de)	[mɵnt]
lírio-do-vale (m)	lelietje-van-dalen (het)	['leljetʃe-van-'dalən]
campânula-branca (f)	sneeuwklokje (het)	['snēw·'klɔkjə]
urtiga (f)	brandnetel (de)	['brant·netəl]
azedinha (f)	veldzuring (de)	[vɛlt·'tsɵriŋ]
nenúfar (m)	waterlelie (de)	['watər·leli]
samambaia (f)	varen (de)	['varən]
líquen (m)	korstmos (het)	['kɔrstmɔs]
estufa (f)	oranjerie (de)	[ɔranʒɛ'ri]
gramado (m)	gazon (het)	[xa'zɔn]
canteiro (m) de flores	bloemperk (het)	['blum·pɛrk]
planta (f)	plant (de)	[plant]
grama (f)	gras (het)	[xras]
folha (f) de grama	grasspriet (de)	['xras·sprit]

folha (f)	blad (het)	[blat]
pétala (f)	bloemblad (het)	['blum·blat]
talo (m)	stengel (de)	['stɛŋəl]
tubérculo (m)	knol (de)	[knɔl]

| broto, rebento (m) | scheut (de) | [sxøt] |
| espinho (m) | doorn (de) | [dõrn] |

florescer (vi)	bloeien	['blujən]
murchar (vi)	verwelken	[vər'wɛlkən]
cheiro (m)	geur (de)	[xør]
cortar (flores)	snijden	['snɛjdən]
colher (uma flor)	plukken	['plʉkən]

98. Cereais, grãos

grão (m)	graan (het)	[xrãn]
cereais (plantas)	graangewassen	['xrãn·xɛ'wasən]
espiga (f)	aar (de)	[ãr]

trigo (m)	tarwe (de)	['tarwə]
centeio (m)	rogge (de)	['rɔxə]
aveia (f)	haver (de)	['havər]
painço (m)	gierst (de)	[xirst]
cevada (f)	gerst (de)	[xɛrst]

milho (m)	maïs (de)	[majs]
arroz (m)	rijst (de)	[rɛjst]
trigo-sarraceno (m)	boekweit (de)	['bukwɛjt]

ervilha (f)	erwt (de)	[ɛrt]
feijão (m) roxo	nierboon (de)	['nir·bõn]
soja (f)	soja (de)	['sɔja]
lentilha (f)	linze (de)	['linzə]
feijão (m)	bonen	['bɔnən]

PAÍSES DO MUNDO

99. Países. Parte 1

Afeganistão (m)	Afghanistan (het)	[afˈxanistan]
África (f) do Sul	Zuid-Afrika (het)	[ˈzœyd-ˈafrika]
Albânia (f)	Albanië (het)	[alˈbaniə]
Alemanha (f)	Duitsland (het)	[ˈdœytslant]
Arábia (f) Saudita	Saoedi-Arabië (het)	[saˈudi-aˈrabiə]
Argentina (f)	Argentinië (het)	[arxɛnˈtiniə]
Armênia (f)	Armenië (het)	[arˈmeniə]
Austrália (f)	Australië (het)	[ɔuˈstraliə]
Áustria (f)	Oostenrijk (het)	[ˈöstənrɛjk]
Azerbaijão (m)	Azerbeidzjan (het)	[azərbejˈdʒan]
Bahamas (f pl)	Bahama's	[baˈhamas]
Bangladesh (m)	Bangladesh (het)	[banhlaˈdɛʃ]
Bélgica (f)	België (het)	[ˈbɛlxiə]
Belarus	Wit-Rusland (het)	[wit-ˈruslant]
Bolívia (f)	Bolivia (het)	[boˈlivia]
Bósnia e Herzegovina (f)	Bosnië en Herzegovina (het)	[ˈbɔsniə ən hɛrzəˈxɔvina]
Brasil (m)	Brazilië (het)	[braˈziliə]
Bulgária (f)	Bulgarije (het)	[buɫxaˈrɛjə]
Camboja (f)	Cambodja (het)	[kamˈbɔdja]
Canadá (m)	Canada (het)	[ˈkanada]
Cazaquistão (m)	Kazakstan (het)	[kazakˈstan]
Chile (m)	Chili (het)	[ˈʃili]
China (f)	China (het)	[ˈʃina]
Chipre (m)	Cyprus (het)	[ˈsiprus]
Colômbia (f)	Colombia (het)	[kɔˈlɔmbia]
Coreia (f) do Norte	Noord-Korea (het)	[nörd-kɔˈrea]
Coreia (f) do Sul	Zuid-Korea (het)	[ˈzœyd-kɔˈrea]
Croácia (f)	Kroatië (het)	[krɔˈasiə]
Cuba (f)	Cuba (het)	[ˈkuba]
Dinamarca (f)	Denemarken (het)	[ˈdenəmarkən]
Egito (m)	Egypte (het)	[ɛˈxiptə]
Emirados Árabes Unidos	Verenigde Arabische Emiraten	[vəˈrɛnixdə aˈrabisə ɛmiˈratən]
Equador (m)	Ecuador (het)	[ɛkwaˈdɔr]
Escócia (f)	Schotland (het)	[ˈsxɔtlant]
Eslováquia (f)	Slowakije (het)	[slɔwaˈkɛjə]
Eslovênia (f)	Slovenië (het)	[slɔˈvɛniə]
Espanha (f)	Spanje (het)	[ˈspanjə]
Estados Unidos da América	Verenigde Staten van Amerika	[vəˈrɛnixdə ˈstatən van aˈmerika]

Estônia (f)	Estland (het)	['ɛstlant]
Finlândia (f)	Finland (het)	['finlant]
França (f)	Frankrijk (het)	['frankrɛjk]

100. Países. Parte 2

Gana (f)	Ghana (het)	['xana]
Geórgia (f)	Georgië (het)	[xe'orxiə]
Grã-Bretanha (f)	Groot-Brittannië (het)	[xrōt-bri'taniə]
Grécia (f)	Griekenland (het)	['xrikənlant]
Haiti (m)	Haïti (het)	[ha'iti]
Hungria (f)	Hongarije (het)	[hɔnxa'rɛjə]
Índia (f)	India (het)	['india]

Indonésia (f)	Indonesië (het)	[indɔ'nɛsiə]
Inglaterra (f)	Engeland (het)	['ɛŋɛlant]
Irã (m)	Iran (het)	[i'ran]
Iraque (m)	Irak (het)	[i'rak]
Irlanda (f)	Ierland (het)	['īrlant]
Islândia (f)	IJsland (het)	['ɛjslant]
Israel (m)	Israël (het)	['israɛl]

Itália (f)	Italië (het)	[i'taliə]
Jamaica (f)	Jamaica (het)	[ja'majka]
Japão (m)	Japan (het)	[ja'pan]
Jordânia (f)	Jordanië (het)	[jor'daniə]
Kuwait (m)	Koeweit (het)	[ku'wɛjt]
Laos (m)	Laos (het)	['laɔs]
Letônia (f)	Letland (het)	['lɛtlant]

Líbano (m)	Libanon (het)	['libanɔn]
Líbia (f)	Libië (het)	['libiə]
Liechtenstein (m)	Liechtenstein (het)	['lixtɛnstɛjn]
Lituânia (f)	Litouwen (het)	[li'tauən]
Luxemburgo (m)	Luxemburg (het)	['lʉksɛmbʉrx]

| Macedônia (f) | Macedonië (het) | [make'dɔniə] |
| Madagascar (m) | Madagaskar (het) | [mada'xaskar] |

Malásia (f)	Maleisië (het)	[ma'lɛjziə]
Malta (f)	Malta (het)	['malta]
Marrocos	Marokko (het)	[ma'rɔkɔ]
México (m)	Mexico (het)	['meksikɔ]
Birmânia (f)	Myanmar (het)	['mjanmar]

| Moldávia (f) | Moldavië (het) | [mɔl'daviə] |
| Mônaco (m) | Monaco (het) | [mɔ'nakɔ] |

Mongólia (f)	Mongolië (het)	[mɔn'xɔliə]
Montenegro (m)	Montenegro (het)	[mɔntə'nɛxrɔ]
Namíbia (f)	Namibië (het)	[na'mibiə]
Nepal (m)	Nepal (het)	[ne'pal]
Noruega (f)	Noorwegen (het)	['nōrwexən]
Nova Zelândia (f)	Nieuw-Zeeland (het)	[niu-'zēlant]

101. Países. Parte 3

Países Baixos (m pl)	Nederland (het)	['nedərlant]
Palestina (f)	Palestijnse autonomie (de)	[pale'stɛjnsə autɔnɔ'mi]
Panamá (m)	Panama (het)	['panama]
Paquistão (m)	Pakistan (het)	['pakistan]
Paraguai (m)	Paraguay (het)	['paragvaj]
Peru (m)	Peru (het)	[pe'ru]
Polinésia (f) Francesa	Frans-Polynesië	[frans-pɔli'nɛziə]

Polônia (f)	Polen (het)	['pɔlən]
Portugal (m)	Portugal (het)	[pɔrtɯxal]
Quênia (f)	Kenia (het)	['kenia]
Quirguistão (m)	Kirgizië (het)	[kir'xiziə]
República (f) Checa	Tsjechië (het)	['tʃɛxiə]
República Dominicana	Dominicaanse Republiek (de)	[dɔmini'kãnsə repɯ'blik]
Romênia (f)	Roemenië (het)	[ru'meniə]

Rússia (f)	Rusland (het)	['rɯslant]
Senegal (m)	Senegal (het)	[senexal]
Sérvia (f)	Servië (het)	['sɛrviə]
Síria (f)	Syrië (het)	['siriə]
Suécia (f)	Zweden (het)	['zwedən]
Suíça (f)	Zwitserland (het)	['zwitsərlant]
Suriname (m)	Suriname (het)	[sɯri'namə]

Tailândia (f)	Thailand (het)	['tailant]
Taiwan (m)	Taiwan (het)	[taj'wan]
Tajiquistão (m)	Tadzjikistan (het)	[ta'dʒikistan]
Tanzânia (f)	Tanzania (het)	[tan'zania]
Tasmânia (f)	Tasmanië (het)	[taz'maniə]
Tunísia (f)	Tunesië (het)	[tɯ'nɛziə]
Turquemenistão (m)	Turkmenistan (het)	[tɯrk'menistan]

Turquia (f)	Turkije (het)	[tɯr'kɛjə]
Ucrânia (f)	Oekraïne (het)	[ukra'inə]
Uruguai (m)	Uruguay (het)	['urugvaj]
Uzbequistão (f)	Oezbekistan (het)	[uz'bekistan]
Vaticano (m)	Vaticaanstad (de)	[vati'kãn·stat]
Venezuela (f)	Venezuela (het)	[venəzɯ'ɛla]
Vietnã (m)	Vietnam (het)	[vjet'nam]
Zanzibar (m)	Zanzibar (het)	['zanzibar]